DIVERSIDADE RELIGIOSA NO MUNDO ATUAL

8º ANO

ALUNO

MARIA INÊS CARNIATO

DIVERSIDADE RELIGIOSA NO MUNDO ATUAL

8º ANO
ALUNO

EDIÇÃO REVISTA E AMPLIADA

Paulinas

Dados Internacionais de Catalogação na Publicação (CIP)
(Câmara Brasileira do Livro, SP, Brasil)

Carniato, Maria Inês
A diversidade religiosa no mundo atual, 8º ano : ensino religioso, aluno / Maria Inês Carniato. – Ed. rev. e ampl. – São Paulo : Paulinas, 2010. – (Coleção ensino religioso fundamental)

ISBN 978-85-356-2485-4

1. Educação religiosa (Ensino fundamental) I. Título. II. Série.

09-13543   CDD-372.84

Índice para catálogo sistemático:
1. Educação religiosa : Ensino fundamental   372.84

1ª edição – 2010
3ª reimpressão – 2017

Direção-geral: Flávia Reginatto
Editora responsável: Luzia M. de Oliveira Sena
Assistente de edição: Andréia Schweitzer
Copidesque: Maria Goretti de Oliveira
Coordenação de revisão: Marina Mendonça
Revisão: Ruth Mitzuie Kluska
Direção de arte: Irma Cipriani
Gerente de produção: Felício Calegaro Neto
Projeto gráfico: Telma Custódio

Créditos das imagens

© Revista Diálogo
capa: Arquivo *Diálogo*, com intervenção de Laura Tikami

© Paulinas Editora
pp. 8, 10, 13, 19, 29, 38, 40, 62: Arquivo Paulinas; pp. 16, 52: Douglas Mansur;
pp. 25, 26b: Cipriani; p. 34: Paulo Pereira Lima; p. 36: C. Fachim;
p. 53: Paulinas Coreia; p. 60: Revista *Jesus*

© Família Cristã
p. 55: Arquivo *Família Cristã*

© Editora Mundo e Missão
pp. 15, 26a, 30, 33, 37, 45, 50, 56, 61, 66

© Stock.XCHNG
pp. 7, 9, 12, 18, 20, 23, 24, 27, 43, 44, 48, 59, 65, 68, 69, 72, 73

Paulinas
Rua Dona Inácia Uchoa, 62
04110-020 – São Paulo – SP (Brasil)
Tel.: (11) 2125-3500
http://www.paulinas.org.br – editora@paulinas.com.br
Telemarketing e SAC: 0800-7010081
© Pia Sociedade Filhas de São Paulo – São Paulo, 2001

Ensino Religioso
A herança da humanidade em suas mãos

Olá, estudante!

Você é adolescente. Está na idade da inteligência brilhante e da capacidade de exprimir sua opinião e convicção pessoais a respeito de tudo o que a sociedade lhe oferece como sendo importante e indispensável para a vida

O Brasil, você sabe, é um país onde se convive com a diversidade étnica, cultural e religiosa como em nenhum outro lugar no mundo. Você nasceu aqui ou veio de outra nação para viver na sociedade brasileira por um tempo ou para sempre. Que bom! Todos são importantes em um país em que um dos principais valores humanos, éticos e culturais é o respeito pelas diferenças.

Sua presença em sala de aula e sua reflexão, conhecimento, sonhos, expectativas e sabedoria são indispensáveis na construção da sociedade que a sua geração sonha e merece ter.

O Ensino Religioso é uma das disciplinas do 8º ano e, como em todas as outras, para se dar bem você precisará estudar, pesquisar, observar a sociedade, a cultura e o fenômeno religioso; refletir, escrever, debater com colegas e formar suas convicções. Com isso, vai experimentar a fascinante aventura de apropriar-se da herança que a humanidade inteira elaborou para você ao longo de milênios.

Está em suas mãos a chance de contribuir para que o patrimônio imaterial da humanidade continue passando para muitas e muitas gerações, e fazer do Brasil o melhor lugar do mundo para se viver a cidadania e a amizade entre raças, culturas e religiões.

Chaves novas em portões antigos

Objetivo Descobrir as novas expressões da religiosidade que procuram recuperar antigas tradições religiosas para dar sentidos, soluções e respostas à vida atual.

1.1. À procura de uma luz

OBJETIVO

Constatar que o ser humano elabora sentidos para a existência e os expressa na cultura religiosa. Conscientizar sobre o risco da procura de experiências e sentidos por caminhos perigosos.

MATERIAL

O necessário para encenar o tráfico de drogas na porta do colégio.

As férias acabaram. Recomeçam os compromissos e as tarefas. Talvez você se pergunte se todo o esforço e a rotina têm sentido. É uma pergunta inteligente.

Compreender o significado daquilo que se faz é como encontrar uma luz no caminho e saber para onde se vai. É seu direito e privilégio.

O ÚLTIMO DIÁLOGO NO SÓTÃO

Anne Frank, uma garota de 13 anos, escreveu um diário em que relata o tempo que viveu com a família e amigos em um sótão, para fugir à perseguição nazista aos judeus, em Amsterdã, na Holanda, durante a Segunda Guerra Mundial.

No esconderijo ela tinha um amigo, Peter, quase da mesma idade. Pelo diário, pode-se reconstituir o último diálogo dos dois adolescentes sobre o sentido da vida.

— Peter, olhe o céu, que lindo! Você sabe o que eu faço quando tenho a sensação de não aguentar mais ficar aqui dentro? Penso estar lá fora. Imagino-me com Pim, no parque, quando íamos passear onde os junquilhos e as violetas florescem nos barrancos. Antes eu não ligava, mas agora tudo isso me interessa loucamente!

– Louco estou eu, mas louco que isso tudo acabe. Quando penso... nós, escondidos aqui há quase dois anos, esperando que nos venham buscar... e tudo isso, para quê?

– Eu sei, Peter, que é quase impossível ter esperança. Mas, sabe o que eu penso? O mundo talvez esteja passando por uma fase difícil, mas isso acabará. O importante é crer em algo maior.

– Mas que seja agora, não dentro de mil anos!

– Com certeza será, Peter, porque, apesar de tudo eu ainda acredito na bondade do coração das pessoas.

Logo depois a polícia nazista encontrou o refúgio. Anne, Peter e suas famílias foram levados para os campos de concentração e assassinados.

Adaptação de: F. Goodrich & A. Hackett. *O diário de Anne Frank*. 2. ed. Rio de Janeiro: Agir, 1959. pp. 189-190.

A LUZ INESPERADA

Um dos piores acontecimentos do século passado foi a Segunda Guerra Mundial. Além das mortes de pessoas inocentes em bombardeios e combates, milhões foram confinados de modo desumano, e a maioria, mortas nas câmaras de gás ou em trabalhos forçados.

Victor Frankl foi um dos poucos sobreviventes dos campos de concentração. Ele era psicoterapeuta e pesquisador dos sentimentos humanos. Enquanto sofria os horrores do nazismo, observava as reações dos companheiros e dialogava sobre a tragédia ocorrida na vida de todos. Dos diálogos, ele concluiu que as pessoas se esforçam por encontrar significados para os acontecimentos, como se tentassem acender uma luz na escuridão.

Após a guerra, Victor Frankl foi viver nos Estados Unidos e lá fez uma pesquisa entre adolescentes e jovens que sofriam com problemas de droga, prostituição, alcoolismo, separação da família, paternidade e maternidade precoce, vandalismo, delinquência, depressão e tentativa de suicídio. Percebeu que os entrevistados tinham decepções com a sociedade e a conduta dos adultos, mas acalentavam aspirações e desejos de uma vida melhor.

Ele resumiu em três palavras os anseios dos adolescentes e jovens americanos da metade do século XX: Deus, o espírito e a eternidade. Os entrevistados acenderam uma luz que o psicoterapeuta não esperava!

ATIVIDADE

Após a leitura dos textos *O último diálogo no sótão* e *A luz inesperada* você pode refletir por algum tempo e escrever a sua opinião sobre as questões:

- Os adolescentes Anne e Peter foram presos e mortos injustamente pelos nazistas. Na sociedade atual, o que representa o "nazismo" para os adolescentes e jovens?
- Se eu registrasse em meu diário um fato em que me senti sem saída, sem esperança ou na escuridão, o que eu escreveria?

Depois de ter conversado com os colegas de seu grupo e voltado à reflexão na turma, você pode elaborar uma dramatização:

- Três pessoas representam vendedores de drogas na porta do colégio. Dizem que a droga é o máximo que a vida oferece.
- Outros três são estudantes. São abordados pelos vendedores e não querem entrar nessa. Argumentam que a vida oferece outras experiências mais interessantes e capazes de contribuir para a felicidade duradoura.

Após a dramatização, você pode compartilhar com a turma sua opinião sobre:

- propostas que a sociedade oferece como se fossem "o máximo";
- frustrações que tais experiências podem trazer;
- luzes que se acendem na escuridão.

HINO EVANGÉLICO

A LUZ DO CÉU

Tu anseias hoje mesmo a salvação,
tens desejo de banir a escuridão,
abre, pois, de par em par, teu coração,
e deixa a luz do céu entrar.

Deixa a luz do céu entrar,
deixa a luz do céu entrar.
Abre bem as portas do teu coração
e deixa a luz do céu entrar.

Que alegria andar ao brilho dessa luz,
vida eterna e paz no coração produz
pra teu caminho e coração iluminar,
deixa a luz do céu entrar.

Hinário Evangélico Cristão. 10. ed. Rio de Janeiro: Casa Publicadora Batista, 1995.

PARA CASA

Entre em seu quarto ou em algum lugar reservado de sua casa e procure reavivar na memória a sua vida. Escreva as etapas importantes que ocorreram, como: mudanças na família, troca de residência ou de escola, fatos que lhe causaram alegria ou tristeza.

GRANDELANCE

Assistir ao filme *A vida é bela* (Direção: Roberto Benigni. Itália, 1997).

1.2. Os portões da História

Compreender a capacidade humana de tudo transformar a partir da própria experiência, inclusive as expressões culturais e religiosas.

Folha de papel sulfite ou outra e material de escrita e desenho para cada aluno. Folha grande de papel Kraft e fita adesiva. Resultado escrito da reflexão sobre a história pessoal.

O ser humano nasce com capacidade de descobrir e transformar. Quando isso acontece é como se novas portas se abrissem na vida, na cultura e na história.

O ADMIRÁVEL MUNDO NOVO

O escritor inglês Aldous Huxley, no romance *Admirável mundo novo*, conta que um grupo de estudantes foi visitar um laboratório onde eram gerados seres humanos. Na época em que foi escrito, em 1932, o livro representava pura ficção. Ainda não existiam os bebês de proveta, nem sequer clonagem.

Ele começa descrevendo:

"Era um edifício cinzento em cuja porta central lia-se: Centro de Incubação e Condicionamento.

– E isto – disse o diretor, abrindo a porta – é a sala de fecundação.

A turma de estudantes seguia com certo nervosismo as pisadas do cientista e tomava nota de tudo, pois aquele momento era um privilégio raro".

Aldous Huxley continua o livro, descrevendo as expectativas e surpresas dos jovens ao verem cada nova porta se abrir no misterioso laboratório.

Adaptação de: Huxley, Aldous. *Admirável mundo novo*. 15. ed. Rio de Janeiro: Globo, 1987.

ABREM-SE PORTAS À NOSSA FRENTE

A história da humanidade pode ser comparada a um caminho percorrido por etapas, repleto de armadilhas, sustos e suspenses. Cada etapa é separada da outra por uma grande porta que esconde surpresas inesperadas.

Digamos que as etapas da história são as diferentes épocas ou idades que a humanidade já viveu. Se pensarmos nos últimos dois mil anos, podemos mencionar a Idade Antiga, a Idade Média e a Idade Moderna.

Desenho feito por sobrevivente da explosão da bomba atômica lançada pelo exército americano em Hiroshima (Japão), durante a Segunda Guerra Mundial.

Agora dizemos que chegamos à Pós-modernidade, porque muita coisa mudou em relação à Idade Moderna. Se alguém que viveu dois séculos atrás ouvisse falar sobre o que surgiria nos séculos XX e XXI, é bem provável que não acreditasse.

A passagem de uma idade histórica para outra ocorre por meio de fatos, descobertas, invenções e mudanças de mentalidade e de costumes. A cultura pós-moderna é como a abertura de uma porta para um local repleto de surpresas, algumas más, outras boas:

- duas guerras mundiais e guerras de superpotências contra países pobres;
- doenças que exterminaram multidões;
- temor de que o planeta seja destruído pelas armas nucleares;
- comunicação instantânea no ciberespaço;
- avanços da genética, com novos instrumentos e conhecimentos;
- conquista do espaço.

Estes e numerosos outros fatos mudaram a compreensão da sociedade humana e o comportamento das pessoas. A cultura global é como um imenso portal recentemente aberto no caminho da história.

A adolescência também é semelhante à passagem por uma porta: do mundo seguro da infância para os riscos, as incertezas, os temores, a solidão e as transformações que preparam a pessoa para a responsabilidade da vida adulta.

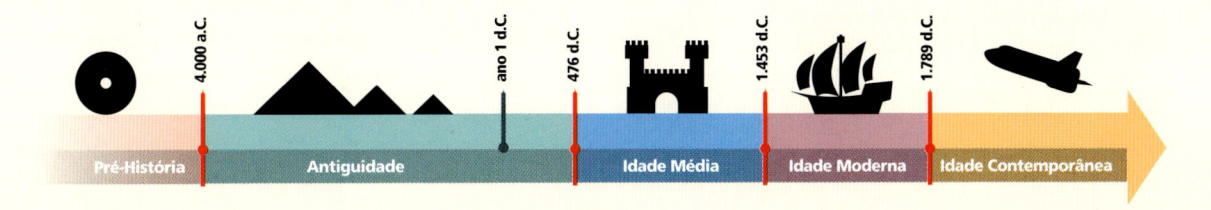

ATIVIDADE

Pense na porta de seu quarto. É difícil passar por ela e "enfrentar" a vida todas as manhãs?

Descreva o seu itinerário cotidiano e assinale as portas materiais que você transpõe todos os dias.

Depois reveja o que escreveu em casa sobre o itinerário de sua vida. Assinale as etapas e mudanças principais e pense:

- Onde você desenharia portas simbólicas?
- O que elas lhe revelaram quando você as transpôs?

Por fim, dê sua opinião no diálogo com a turma:

- Quais as experiências que nós fazemos e que os nossos bisavós, na nossa idade, jamais teriam imaginado?
- O que isso tem a ver com as portas da cultura e da história?

PRECE DE ZOROASTRO

EU TE RECONHECI

Eu te reconheci, grande Sábio,
eu te reconheci como primeiro e último,
como o pai do bom pensamento.

Eu te reconheci como verdadeiro Criador da justiça,
como o Senhor dos atos da existência.
Tua é a devoção. Tua é a força do espírito,
ó, Senhor sábio!

Prece a Ahura Mazda. *Ghata* 31, 8-10, escrito sagrado do zoroastrismo.

PARA CASA

Você pode procurar uma gravura ou uma foto que expresse seu modo de entender o significado de sua própria vida e trazê-la para a próxima aula.

GRANDELANCE

Dialogar com uma pessoa adulta de sua confiança a respeito das descobertas que você está fazendo.

1.3. Portais jamais fechados

Perceber que no significado transcendente que os antepassados deram à existência e à história as pessoas procuram respostas para a vida presente.

Gravuras, paisagens e fotos trazidas pelos alunos, que representem o significado da vida.

Você, ao passar pelo portão simbólico da adolescência, está saindo do recinto seguro da infância, e começa a desenvolver a capacidade de correr riscos e fazer escolhas. O tempo presente é seu e pode ser vivido com inteligência, sentimento e liberdade.

Seus temores e inseguranças são normais. Os adultos também os enfrentam nas mais variadas situações. Mas nem por isso deixam de tomar decisões e agir quando necessário.

O PORTAL DOS DOIS CAMINHOS

No fim do século XIX, muitas pessoas eram materialistas, isto é, só acreditavam naquilo que podiam provar por métodos científicos.

O filósofo Nietzsche compreendeu que o materialismo seria passageiro, pois, em breve, grandes mudanças fariam a sociedade entrar num caminho novo. No livro *Assim falou Zaratustra*, ele descreve a conversa de um grande líder religioso da Antiguidade com um anão que simboliza o ser humano atual. Os dois se encontram e conversam debaixo de um portal no caminho da história.

O portal do templo xintoísta representa a divisa entre as dimensões física e espiritual.

"Vês este portal, anão? Ele tem duas faces, dois caminhos que se juntam aqui: ninguém ainda os seguiu até o fim. Este longo corredor para trás dura uma eternidade. E aquele corredor para diante é a eternidade. Eles se contradizem, esses caminhos, eles se chocam frontalmente. E aqui, neste portal, é onde eles se juntam. O nome do portal está escrito ali em cima: 'Instante'. [...] Vê, vê este instante: deste portal corre um longo corredor para trás. Atrás de nós há uma eternidade!"

Nietzsche, Friedrich. *Assim falou Zaratustra.* São Paulo: Abril, 1983. p. 244. (Coleção Os Pensadores.)

PORTÕES REABERTOS

Nietzsche utiliza-se do símbolo de um portal para falar do mistério que circunda a vida humana: vive-se no tempo, porém cada momento de nossas vidas está situado na eternidade.

A religião é o resultado da tentativa humana de compreender o mistério. Mas, na época moderna, houve quem julgasse a religião ultrapassada, fruto da ignorância de mentalidades primitivas. Procurou-se resolver com a ciência todas as grandes interrogações a respeito da vida, da morte, do passado e do futuro.

As circunstâncias históricas, porém, mudaram. As guerras do século XX, a ameaça nuclear, as questões não resolvidas pela ciência e os sentimentos de frustração e solidão despertaram nas pessoas o desejo de reencontrar o sagrado e de redescobrir a sabedoria ensinada pelas religiões e manifestada nas culturas de todos os povos.

A humanidade sempre procurou o significado da existência no mistério transcendente e no ser criador que as tradições religiosas chamam Deus.

ATIVIDADE

Com a turma, você pode pesquisar e conhecer melhor o personagem Zaratustra ou Zoroastro.

Depois, você e os colegas podem projetar ou expor as gravuras e fotos que expressam para cada um o significado da vida.

Depois de observar tudo, pode revelar para a turma o motivo de ter escolhido determinada gravura. Pode explicar em que ela se parece com o seu modo de entender a existência e de ver a sua própria vida.

PRECE HITITA

GLORIFICAÇÃO À DEUSA ARINNA

Os portais do céu, os deuses abrem para ti.
Tu, senhora dos juízos justos,
tu exerces graciosamente a realeza
sobre o céu e a terra.
Tu estabeleces as fronteiras entre os povos.
Tu escutas os clamores.
Tu és uma divindade clemente,
tu derramas benignidade.
No céu e na terra, tu és como a luz.
Tu és pai e mãe de cada nação.
Entre os amigos deuses, tu és festejada.
Os portais do céu, os deuses abrem para ti.

Prece do povo hitita, composta há quatro mil anos.

PARA CASA

Que tal desenvolver seu talento artístico?

Desenhe uma chave, do tamanho, estilo e modelo que quiser. Depois, recorte-a e leve-a para a próxima aula.

GRANDELANCE

Escrever uma palavra ou frase-chave para sua vida e fixar na porta do quarto, de modo que você a leia sempre que entrar ou sair dele.

1.4. Chaves que reabrem antigas portas

OBJETIVO

Experimentar a possibilidade de tomar novas decisões e obter conquistas na vida pessoal.

MATERIAL

As chaves desenhadas e recortadas em casa.

Você já esteve diante de um lugar "proibido" e ao mesmo tempo "irresistível"? Como se sentiu?

Todos nós temos uma curiosidade natural que nos lança sempre à conquista do que parece misterioso e que desafia nossa capacidade de superar temores e limites.

A CHAVE DO ARMÁRIO ENCANTADO

Em minha família há um costume superlegal, mantido pelos avós paternos.

Tudo começa com a aproximação das festas de fim de ano. Algum tempo antes, meus avós organizam a brincadeira de amigo-oculto. Depois de cada pessoa tirar um nome no sorteio, começam os bilhetes, pegadinhas, charadas e surpresas. O presente deve ser comprado e entregue para vovô e vovó. Eles têm um armário vazio onde guardam cada pacote que chega, com o nome da pessoa que o trouxe.

No dia marcado para a festa, a família se reúne e começa a expectativa da revelação. Para começar, todos se concentram em descobrir a chave que abre o famoso armário dos presentes.

No último Natal, vovô e vovó organizaram equipes e encheram o quintal e a casa com tarefas e pistas que apontavam a trilha para o esconderijo da chave. As tarefas foram divertidas e causaram gargalhadas em todos os familiares.

Quando a chave do armário é encontrada, há um cerimonial para a abertura da porta. Enfim, cada pacote volta às mãos de quem o comprou e tem início a revelação.

A expectativa na abertura do armário não se deve só aos presentes lá guardados, mas à surpresa extra que ocorre quando se vira a chave encantada. Na última vez, saltaram de lá dois cordeirinhos com lã branca e macia. Um minuto antes, vovó os havia feito entrar secretamente, com uma segunda chave. Eles saíram balindo, correndo e badalando as sinetas que traziam no pescoço, amarradas por fitas vermelhas.

Meus primos e primas pequenos levaram os cordeiros ao quintal e não quiseram mais entrar, para a revelação do amigo-oculto. Então, vovô convidou a família a sentar-se à sombra da mangueira. Lá foram feitas a revelação e a troca de presentes, entre surpresas e risadas, mas os cordeirinhos já haviam ganhado a cena e os balidos e sinos deram à festa o maior clima de Natal.

AS CHAVES DO MUNDO ATUAL

Durante os últimos dois séculos houve enorme avanço nos conhecimentos da humanidade. As novas descobertas e invenções são como chaves que abrem portas encantadas para experiências que poderiam parecer impossíveis. Isso traz uma sensação de poder ao ser humano, pois quase tudo o que se acreditava ser obra de Deus agora nós sabemos como se faz:

- Antes pensava-se que as doenças fossem causadas por maus espíritos e por castigo dos deuses. Com a invenção do microscópio, foram descobertos os vírus e as bactérias e criados remédios para combatê-los.

- Nos séculos passados, havia um grande pavor do mar. Temia-se que ele fosse habitado por monstros e seres mitológicos. Quando foi possível construir navios adequados e atravessar os oceanos, ninguém viu monstro algum e o terror desapareceu.

- Quando a genética era desconhecida e não se imaginava como ocorriam a concepção e a gestação de um bebê, alguns povos faziam oferendas às deusas da fertilidade, para garantir a fecundidade dos casais.

Esta estatueta representa uma deusa da Mesopotâmia carregando um vaso com água, isto é, um símbolo da fertilidade (museu de Alepo, Síria).

Hoje a medicina supera qualquer dificuldade para a concepção e o nascimento de uma criança.

- Antes da conquista do espaço, tudo o que se conhecia era o planeta Terra. Mas havia muitos temores sobre o que poderia vir do céu. Agora, já se conhece muito a respeito do universo.

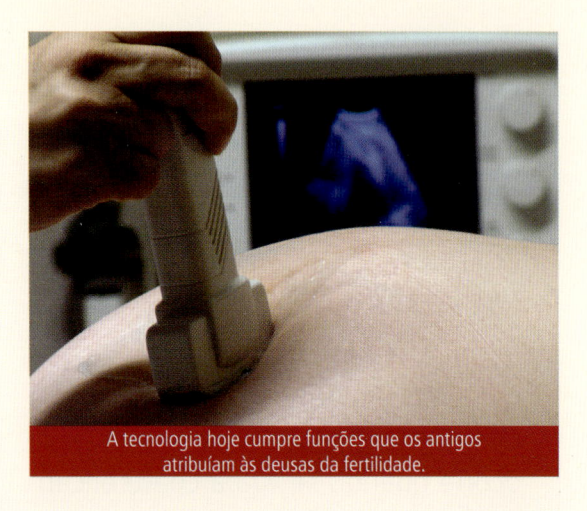

A tecnologia hoje cumpre funções que os antigos atribuíam às deusas da fertilidade.

Estes e outros fatos são como chaves que abrem portas para o avanço dos povos rumo a uma sociedade global onde todos tenham direito à vida, à liberdade, à dignidade, à cultura e à expressão de suas crenças e valores.

Por certo tempo, algumas pessoas pensaram que a ciência, a técnica e a tecnologia poderiam solucionar os problemas e responder a todas as perguntas. Mas essa ideia foi superada e a maioria das pessoas agora acredita que o materialismo não satisfaz o coração humano e não traz a felicidade verdadeira que todos desejam e procuram.

ATIVIDADE

Em nossa vida transpomos portas simbólicas. Mas quando uma delas nos parece trancada, a chave quase sempre está em nossas mãos. É preciso descobrir como usá-la.

Você pode refletir e escrever na chave que preparou em casa:

- Qual a porta que preciso e quero abrir em minha vida?
- De qual chave eu disponho para abri-la?

Depois, pode conversar com seu grupo a respeito destas questões e ouvir com todo o respeito o que os colegas têm a comunicar.

PRECE INCA

A VIRACOCHA

Santo, amigo, Criador da luz que se levanta,
quem és? Onde estás? Poderei ver-te?
Amigo, teus filhos, com os olhos manchados, desejam ver-te.
Criador do mundo de cima e do mundo debaixo,
vencedor de todas as coisas,
onde estás? O que nos dizes?

Fala, vem, verdadeiro amigo de cima,
verdadeiro amigo debaixo!
Dez vezes te adorarei.
Eu me prostrarei diante de ti.
Olha-me, amigo,
presta atenção à minha voz.

Prece rezada até hoje pelos descendentes da população inca
de Cuzco, no Peru, próxima à cidade sagrada de Machu Picchu.

PARA CASA

Procure entrar em um daqueles estados de sonho, no qual você imagina mil experiências maravilhosas acontecendo, agora e no futuro.

Imagine que você está no pico de uma alta montanha e Deus está a seu lado.

Você e Deus estão vendo o bairro, a cidade, o estado, o país e o mundo repletos de sinais de vida e de felicidade.

Descreva por escrito o que você vê.

GRANDE LANCE

Imaginar que Deus está a seu lado e ajuda você a ver sinais de esperança na vida familiar e de amor nos pequenos gestos cotidianos que os familiares dedicam a você.

O caminho da montanha

Objetivo Compreender que a vida humana é como um caminho para a montanha e que as tradições religiosas podem ser comparadas a mirantes na estrada: oferecem visão do horizonte, segurança e repouso a quem caminha.

2.1. Ver o mundo lá de cima

OBJETIVO

Compreender que algumas expressões do sagrado, como a montanha e outras, apontam para um único simbolismo, repetido nas tradições religiosas das mais variadas épocas e regiões da terra.

MATERIAL

O resultado do trabalho feito em casa: os sinais de vida no mundo.

Diversos materiais recicláveis adequados para fazer a maquete de uma montanha e da natureza à sua volta. Lápis, tesoura, cola, papel pedra, uma folha de isopor para a base, tintas, retalhos variados de papel e outros.

Você já esteve no topo de uma montanha, de um morro ou colina? O que viu e o que sentiu?

Você já praticou montanhismo? Se o montanhismo é tão emocionante, imagine o que você sentiria se fosse alpinista!

A prática do montanhismo ou do alpinismo é como uma força interior que impulsiona a pessoa para o alto. O objetivo é a visão panorâmica do topo e a satisfação de ter superado dificuldades e conquistado a meta.

Ao observar as tradições religiosas, vê-se o que elas ensinam: a vida é como um caminho para o cimo da montanha, isto é, para o conquista do maior sonho humano: contemplar o mistério transcendente.

A TRILHA PROIBIDA

Nasci em uma ilha do oceano Pacífico. Em meu povo, tudo é comunitário. Recebemos dos antepassados o conhecimento dos segredos da vida e os guardamos com cuidado, para comunicá-los aos nossos filhos e netos. É muito bom viver na tribo.

Tenho 13 anos e estou me preparando para a iniciação. É um período de provas que os adolescentes enfrentam antes de serem considerados adultos e conhecerem os mistérios da tradição tribal.

Há pouco tempo tive uma experiência triste. Sei que aquilo que ocorreu é normal, mas é doloroso, mesmo assim.

Meus amigos e eu estávamos sempre ao redor de um ancião, que nos contava mitos e lendas ouvidas por ele dos mais velhos, desde menino. Quando os adultos se afastavam para cuidar dos afazeres, ele, que não tinha forças para o trabalho pesado, sentava-se à sombra de uma árvore ou à beira do fogo, fazendo algo interessante, que atraía nossa curiosidade. Quando um de nós se machucava nas brincadeiras ou encontrava algo desconhecido, era sempre para ele que corríamos, na certeza de sua paciência, bondade e conhecimento. Em certas horas do dia, o velhinho tomava o bastão e fazia um passeio pelas trilhas da redondeza. Era nosso momento mais festivo. Íamos todos, correndo e pulando ao redor dele, cada um querendo mostrar uma coisa nova encontrada no percurso.

Um dia, porém, ele se dirigiu sozinho para a trilha sagrada. Tentamos ir atrás, mas nossos pais nos seguraram. Desapareceu na curva da grande árvore e nunca mais voltou.

Eu sei que ele foi se encontrar com os antepassados e com o deus da montanha, mas por enquanto ainda não conheço os detalhes desse segredo de meu povo, porque minha iniciação ainda não começou. Quando eu for iniciado, saberei por que o caminho da montanha é proibido para as crianças e os jovens, e o motivo que leva os anciãos a desaparecerem por ele para sempre.

Rocha Ayers, montanha sagrada para os povos nativos da Austrália.

MONTANHA: ENCONTRO DA TERRA COM O CÉU

Muitas tradições religiosas escritas e orais consideram as montanhas como locais sagrados. Os templos e altares, construídos nos picos mais altos, ou até a montanha inteira, são locais de oferendas e de ritos de comunicação com Deus.

- Houve um costume em algumas ilhas do Pacífico que os estudiosos chamam de "termo da vida": os anciãos, ao perceberem o fim de seus dias, subiam ao cume de uma montanha. Lá, sentavam-se imóveis à espera da morte, na certeza de assim entrar em comunhão com os antepassados e com o espírito da montanha.

- Os descendentes dos apaches americanos dançam para invocar os espíritos das montanhas, quando há alguma comemoração na tribo.

- Os incas do Peru edificaram, nos cimos da cordilheira dos Andes, a cidade sagrada de Machu Picchu, dedicada a Inti, o deus Sol. Os atuais descendentes dos incas não tomam a trilha para lá antes de orar e fazer oferendas ao espírito da montanha.

No passado o monte Fuji, no Japão,
era venerado com o nome de Fujiama: "deusa do fogo".

- Os Astecas do México e os Maias da América Central ergueram montanhas de terra e as revestiram de pedras, com degraus, em forma de pirâmide. No cume eram feitas as oferendas e preces aos deuses simbolizados pelo Sol, a Lua e as constelações.

- Os japoneses reverenciam o monte Fuji com o nome de *Fujiama*, a deusa do fogo.

- Na Austrália, os aborígines prestam homenagem a uma montanha rochosa que chamam *Ayers*, nome que significa "morada dos espíritos".

- Na mitologia grega, os deuses viviam em um jardim, no cimo do monte Olimpo. Também o oráculo de Delfos, na Grécia, era localizado sobre um monte.

Ruínas de Delfos, na Grécia.

- No Tibete e no Nepal, os nativos veneram os picos nevados do Himalaia, que consideram morada dos deuses.
- O profeta Maomé, fundador do Islamismo, teve a primeira inspiração sobre a doutrina islâmica no cimo da montanha Hira, onde se havia recolhido em meditação.
- Na Torá judaica, está escrito que Deus se revelou a Moisés sobre a montanha do Sinai.
- Nos Evangelhos, escritos sagrados do Cristianismo, existe a narrativa de que Jesus revelou sua divindade aos discípulos sobre o monte Tabor.

Cristo Redentor no alto do Corcovado, na cidade do Rio de Janeiro

ATIVIDADE

Depois de ter lido e refletido com a turma sobre os textos *A trilha proibida* e *Montanha: encontro da terra com o céu*, você pode contribuir na construção de uma maquete onde deverá aparecer o mundo, do modo como você e seus colegas imaginam que Deus gostaria de ver, se ele estivesse ao lado de cada um, olhando o mundo do alto de uma montanha.

Por fim, podem escolher um título para a maquete.

SALMO BABILÔNICO

Ó SÁBIO E JUSTO

Tu iluminas a escuridão.
Tu, cada dia, fazes justiça ao oprimido e ao maltratado.
Tu restabeleces ao despojado, à viúva,
ao que geme e ao que não pode dormir.
[...]
Senhor meu, aproxima-te e escuta meu pedido,
dá-me uma sentença em meu auxílio, pronuncia uma decisão favorável.

Oração a Marduk, deus da Babilônia, rezada há quatro mil anos.

PARA CASA

Você pode produzir um texto que descreva o que foi mais significativo para você nas últimas aulas.

GRANDELANCE

Dialogar com os familiares, agradecer-lhes e elogiá-los por algum motivo de alegria que exista em sua família.

2.2. Mirantes ao longo da estrada

OBJETIVO

Compreender a necessidade que o ser humano tem de uma dimensão de paz, segurança e repouso que vem de uma meta no caminho da vida.

MATERIAL

Textos escritos em casa, faixas estreitas de papel e pincéis atômicos para que cada um escreva uma frase.

Quais são os momentos preferidos do seu dia?

Todos nós precisamos de pausas na rotina diária e um tempo para relaxar, sem preocupação.

Podemos comparar nossa vida a uma estrada que atravessa uma serra e é formada de sucessivas subidas e curvas, mas que esconde agradáveis patamares para descanso a cada trecho percorrido.

A ESTRADA ESCAVADA NA ROCHA

Quando a professora de Geografia propôs uma visita à serra próxima de nossa cidade, ficamos fascinados. O lugar é assustador, mas também majestoso e atraente.

A aula foi genial! Localizamos no cenário da geografia física do Brasil este incrível mundo, quase intocado, aqui tão próximo de nós.

Ao começar a longa subida no ônibus escolar, primeiro concentramos a atenção nos abismos meio encobertos pela neblina que sobe do fundo. Apreciamos as pequenas cascatas e as orquídeas que pontilham as árvores, e contemplamos as montanhas que se elevam umas ao lado das outras e protegem a vegetação do fundo dos vales.

Depois observamos a estrada: escavada nos paredões de rocha, ela circunda as montanhas em subida constante, num ir e voltar que parece sem-fim.

Há frequentes patamares, onde a estrada se alarga e é possível estacionar o veículo, desembarcar, respirar o ar puro e contemplar a paisagem fascinante. As flores das árvores da montanha vizinha ficam quase ao alcance da mão. Mas chegar perto da mureta e olhar para baixo é uma aventura que nem todos se gloriam de ter enfrentado!

Depois de horas de viagem cultural, com paradas nos mirantes da estrada, chegamos ao cume da serra. Foi tão deslumbrante a visão do panorama, que ficamos em silêncio, sem palavras para traduzir nossa emoção.

PATAMARES À MARGEM DO CAMINHO

As tradições religiosas guardam crenças que trazem significados e direções para a vida e permitem que a estrada de cada ser humano, de cada povo e da humanidade toda, tenha uma meta. As mais frequentes e semelhantes são:

- Existe um Ser Criador, em quem se originou tudo o que existe.
- O Criador é bom, e quer ver as criaturas felizes.
- A vida humana é um caminho rumo ao futuro, que não acaba com a morte.
- A sobrevivência no mundo transcendente é mais feliz do que a vida terrena.
- Aqueles que já chegaram ao fim do caminho, os antepassados, continuam vivos na dimensão transcendente e podem abençoar os descendentes e ajudá-los a chegar à mesma meta.

Em muitas cidades do interior do Brasil, a vida social gira em torno do calendário de festas religiosas.

As tradições religiosas condenam a conduta injusta que ocasiona sofrimento ou priva os semelhantes dos meios para viver.

A sociedade atual procura reavivar as crenças das tradições religiosas e encontrar nelas soluções para melhorar a vida presente.

ATIVIDADE

Agora é o tempo de colocar em prática sua capacidade de expressão.

Após a leitura e comentário dos textos *A estrada escavada na rocha* e *Patamares à margem do caminho*, você pode compartilhar com o grupo o que você escreveu em casa e escutar com respeito o texto dos colegas

Depois, pode refletir por um tempo sobre a afirmação: "As tradições religiosas podem ser comparadas a um patamar na estrada que sobe a serra".

A seguir, pode escrever na faixa de papel a frase que, em sua opinião, retrata melhor o que as pessoas procuram na religião.

Depois de ter comunicado à turma a sua frase e ouvido o que os colegas escreveram, pode rasgar a faixa, de modo que todas as palavras fiquem soltas.

A seguir, em mutirão, juntar as palavras escritas por todos e formar outras frases sobre o que as pessoas procuram na religião.

ENSINAMENTO HINDUÍSTA

O MELHOR CAMINHO

O melhor caminho para os fiéis
é amar o Único, Eterno e Universal, de todo o coração.
Quem o ama lhe é querido.
Quem nele repousa o espírito
encontra a felicidade.
O saber espiritual é maior que o fazer material,
mas, maior do que ambos é a amizade integral.
Quem se consagra ao eterno
com amizade e reverência, lhe é querido.
Porém, o mais querido de todos é aquele
cuja vida é amor.
A esse, ele ama acima de tudo,
e alimenta com seu amor.

Hino em honra a Krishna.

PARA CASA

Se você pertence a uma Igreja Cristã, converse com alguém que possa ajudar, ou pesquise na internet e em livros, e anote os pontos mais importantes do ensinamento de sua Igreja.

GRANDELANCE

Convidar familiares ou amigos para uma caminhada a pé, se possível, por uma estrada, em um parque ou praça, em meio à natureza. Depois da caminhada, perguntar aos adultos que semelhança encontram entre um caminho e uma crença religiosa.

2.3. Peregrinos da mesma estrada

OBJETIVO

Superar preconceitos existentes entre as Igrejas e considerar os pontos essenciais que as aproximam.

MATERIAL

Anotações dos pontos importantes da crença de cada Igreja.

Você tem decepções com o mundo em que vive, com a conduta dos adultos, com a falta de amor, compreensão e diálogo? E também com a rivalidade e o egoísmo, com a violência e a desigualdade social?

Você tem razão, pois a sociedade não é boa e justa como deveria ser. Mas pode melhorar.

AS IGREJAS CRISTÃS

No Cristianismo, como em outras tradições religiosas, acredita-se que Deus tem um projeto para o mundo, e todo ser humano pode participar da construção desse projeto, superando as injustiças, a violência e tudo o que prejudica e destrói a vida.

O Cristianismo nasceu do Judaísmo, a religião de Israel. As primeiras comunidades cristãs eram chamadas "O caminho" porque seguiam Jesus de Nazaré. Os seguidores de Jesus o chamavam *Cristo*, que, na língua grega, significa "ungido", "escolhido" por Deus. Por isso, começaram a ser chamados *cristãos*. Os escritos sagrados definem as primeiras comunidades

Sacerdotes ortodoxos em procissão.

cristãs como *Igreja*, que, na língua grega, significa "assembleia", "reunião".

No primeiro século do Cristianismo havia pequenas Igrejas, espalhadas pela Ásia Menor e pela Europa. Com o passar dos séculos formaram-se grupos de Igrejas agora presentes no mundo inteiro.

As Igrejas guardam diferenças sobre alguns pontos da fé, mas isso não as impede de procurar o diálogo e a amizade recíproca. As mais antigas são:

- Igreja Católica, com sedes na Rússia, na Turquia, na Grécia e em Roma.
- Igreja Luterana ou protestante, fundada na Alemanha por Martinho Lutero.
- Igreja Calvinista, fundada na Suíça por Calvino.
- Igreja Anglicana, fundada na Inglaterra pelo Rei Henrique VIII.
- Igreja Batista, fundada na Inglaterra por John Smyth.

Essas Igrejas deram origem a outras, as chamadas Igrejas Evangélicas:

- Igreja Metodista, fundada por John Wesley, na Inglaterra.
- Igreja Adventista, fundada por William Miller, nos Estados Unidos.

Com o passar do tempo, muitas outras igrejas foram fundadas, no exterior e no Brasil.

ATIVIDADE

Esta é a hora mais importante da aula, quando você pode exercer seu direito de dialogar, respeitar e escutar a experiência dos colegas.

Se receber atenção e respeito nos traz alegria e entusiasmo, dar atenção e respeitar nos torna pessoas mais felizes e amadurecidas.

Agora que a comunicação criou maior conhecimento, amizade e diálogo, a turma pode ressaltar os pontos semelhantes entre as várias comunidades de fé cristã representadas na sala de aula.

Por fim, pense nas seguintes questões:

- Em sua opinião, o relacionamento entre as Igrejas está conforme o projeto de Deus para o mundo?
- O que poderia ser diferente?

Celebração inter-religiosa: somos todos peregrinos do mesmo caminho.

PRECE CRISTÃ

ORAÇÃO DO AMOR

Senhor, fazei de mim
um instrumento de vossa paz.
Onde houver ódio, que eu leve o amor.
Onde houver ofensa, que eu leve o perdão.
Onde houver discórdia, que eu leve a união.
Onde houver dúvida, que eu leve a fé.
Onde houver erro, que eu leve a verdade.
Onde houver desespero, que eu leve a esperança.
Onde houver tristeza, que eu leve a alegria.
Onde houver trevas, que eu leve a luz.

Ó, Mestre, fazei que eu procure mais
consolar que ser consolado,
compreender que ser compreendido,
amar, que ser amado,
pois é dando que se recebe,
é perdoando que se é perdoado
e é morrendo que se vive
para a vida eterna.

Francisco de Assis, século XIII.

PARA CASA

Se tiver fotos de templos ou de cerimônias e ritos vivenciados por você ou por seus familiares na Igreja à qual pertencem, leve-as para a próxima aula.

Se você não participa de nenhuma Igreja, procure fotos em revistas ou na internet.

GRANDELANCE

Organizar na turma uma ação solidária em benefício de alguém que esteja necessitando de ajuda.

2.4. Caminhar com pressa rumo à meta

OBJETIVO

Conhecer a esperança que une as Igrejas Cristãs de fundação mais recente.

Exercitar a convivência e o respeito às diferenças.

MATERIAL

Fotos de templos e de cerimônias, ritos ou atividades solidárias, vivenciados pelos estudantes, por seus familiares ou pelas comunidades de suas respectivas Igrejas. Ou ainda recortes de ilustrações sobre o mesmo tema. Material necessário para projetar as imagens ou para montar uma exposição de fotos e de recortes.

A sociedade atual é repleta de sofrimentos, injustiças, violência, fome e outras contradições.

Conforme os ensinamentos das tradições religiosas, o projeto do Criador para o mundo requer valores nem sempre priorizados.

UMA SÓ ESPERANÇA: O MUNDO TRANSFORMADO

As Igrejas Cristãs creem que Deus chama todos a participarem da construção de um mundo transformado.

Algumas Igrejas acentuam a esperança na realização imediata da promessa bíblica: a manifestação de Jesus Cristo no fim dos tempos (descrita em Apocalipse 22,20). As Igrejas mais antigas são:

- *Testemunhas de Jeová*, fundada por Charles Russell, nos Estados Unidos. Ensina:

– a comunicação intensa e sensível com Deus;

– a convivência em comunidade e a missão de evangelizar;

- a solução de problemas da vida cotidiana, como saúde, trabalho e harmonia familiar por meio da fé;
- uma conduta digna, conforme os ensinamentos da Bíblia.

• *Igreja Adventista*, fundada por William Miller, nos Estados Unidos. Ensina que:

- quando Jesus voltar, os justos irão para a vida eterna e os injustos para a extinção;
- é preciso preparar-se para a vinda de Cristo, por meio de uma vida sóbria e sem vícios, e sem nada que prejudique a pessoa e seus semelhantes.
- conhecer e praticar a mensagem da Bíblia é o caminho aberto para a vida justa e santa;
- é missão de todo adventista ensinar a Palavra de Deus e ajudar as pessoas a terem fé.

• *Igreja de Jesus Cristo dos Santos dos Últimos Dias*, cujos participantes são chamados *mórmons*, fundada por Joseph Smith, nos Estados Unidos. Ensina a:

Jovens pastores mórmons.

- viver o ensinamento de Jesus Cristo conforme o livro de Mórmon;
- trabalhar pela salvação das pessoas, especialmente dos próprios antepassados;
- evitar vícios prejudiciais à saúde, ao trabalho e à honestidade;
- esperar a vinda de Jesus Cristo e o fim da injustiça no mundo;
- divulgar a fé da Igreja Mórmon.

O GRUPO VOCAL *DIVERSIDADE EVANGÉLICA*

Durante a aula de Ensino Religioso, a turma organizou grupos por tradição religiosa para descobrir quais as soluções que as religiões oferecem aos sofrimentos e ao mal na sociedade.

Os colegas evangélicos – Raquel, Marta, Isaías, Judite, Mateus, Paulo, Débora, Elias e Tiago – improvisaram um coral e cantaram o hino *Cristo volta*. Eles pertencem a diferentes Igrejas, mas todos conhecem esse hino, porque é cantado nos cultos que frequentam.

Nossos amigos e amigas nunca haviam cantado juntos, mas foram tão aplaudidos, que vão continuar apresentando outros hinos, e até escolheram um nome para o grupo: "Diversidade Evangélica".

ATIVIDADE

Após a comunicação com a turma, você pode dialogar sobre o bairro ou a cidade e descobrir:

- Existe alguma realidade contrária ao ensinamento das Igrejas sobre o projeto de Deus?
- O que podemos fazer juntos para conscientizar as comunidades às quais pertencemos e assim transformar tal situação?

HINO EVANGÉLICO

CRISTO VOLTA

Cristo volta brevemente
para aqui no mundo ter,
em lugar de sofrimento,
majestade com poder.
Ele volta em sua glória,
brilha em refulgente luz,
nesse dia tão querido
dos remidos de Jesus.
Cristo volta, Cristo volta
para o povo seu buscar.
Cristo volta triunfante
para com poder reinar.

Cristo volta, não sabemos
em que dia tem de ser.
Mas estamos confiantes
que seu rosto iremos ver.
A Palavra Santa afirma
e não poderá falhar.
E por isso esperaremos
ver Jesus aqui voltar.

Hinário evangélico Cantor Cristão. 10. ed. Rio de Janeiro: Casa Publicadora Batista, 1995. n. 102.

PARA CASA

Entrevistar pessoas adultas, jovens e crianças com as seguintes questões:

• Você tem amizade com pessoas de Igrejas diferentes da sua?

• O que você admira nessas pessoas?

• Na sua opinião, por que as pessoas criam inimizades por motivos religiosos?

• O que é preciso para que acabe a rivalidade que ainda existe entre algumas Igrejas?

Anotar, gravar ou filmar as opiniões das pessoas entrevistadas.

GRANDELANCE

Combinar com alguém da turma e participar de um culto, um encontro de adolescentes, uma atividade cultural, recreativa ou solidária da comunidade de fé dessa pessoa.

2.5. Caminhar ao lado de Deus

OBJETIVO

Conhecer a principal atitude religiosa que une as diversas Igrejas Pentecostais.

MATERIAL

O resultado das entrevistas a respeito da amizade entre pessoas de várias Igrejas.

Somos seres sociais. Convivemos e sonhamos em grupo, em família, em comunidade e como população brasileira.

As tradições religiosas acreditam que Deus une todas as criaturas e as faz irmãs umas das outras. Além do Cristianismo, também o Hinduísmo e as religiões indígenas e africanas dirigem-se a Deus com o termo "Espírito".

O CARRO DE DEUS

Perto de minha casa foi construída uma igreja nova. Na hora do culto, todos cantam com harmonia e concentração. É como se uma melodia de paz descesse sobre toda a rua. Quando saem, as pessoas despedem-se umas das outras, chamando-se de "irmão" e "irmã".

Um dia, eu estava sentado na calçada com minha turma. Nós temos uns instrumentos e costumamos ensaiar um som, mas tocamos em plena rua, porque nossas casas são pequenas e os adultos, cansados do trabalho, nem sempre se sentem bem com nosso entusiasmo musical.

Naquele dia, estávamos esperando que acabasse o culto, para começar o

nosso ensaio, por respeito à comunidade. De repente, vimos um pai que vinha correndo pela rua, trazendo nos braços um menino pequeno que havia caído de uma árvore e feito um corte na cabeça.

Sabíamos que ele pertencia a uma Igreja diferente, situada em outra vila, mas ele entrou na pequena igreja, e nós, por curiosidade, nos aproximamos da porta. Ficamos impressionados com o que vimos: o pastor pediu a alguém que continuasse a conduzir o culto. Depois saiu rapidamente com o pai do menino, abriu o carro e o convidou a entrar. O homem relutou, pois temia que o sangue sujasse os bancos. Então o pastor disse: "Entre, irmão. O carro é de Deus. Meu trabalho é socorrer qualquer pessoa que precise dele, a qualquer hora", ajudou o aflito pai a entrar com o menino e fez os pneus cantarem, em direção ao hospital.

AS IGREJAS PENTECOSTAIS

Dentre os novos grupos religiosos criados nos dois últimos séculos, há um que reúne muitas Igrejas: são os Pentecostais. Essas pessoas, preocupadas com as contradições da sociedade, creem que o Espírito Santo dá força aos cristãos para construírem o mundo desejado por Deus. É como se a pessoa caminhasse na vida ao lado de Deus, agindo em parceria com ele.

A palavra "pentecostal" refere-se ao começo do Cristianismo. O Novo ou Segundo Testamento conta que, após a morte e ressurreição de Jesus, seus discípulos e sua mãe estavam orando em Jerusalém durante a festa de Pentecostes. De repente, sentiram os próprios corações repletos da força do Espírito de Deus e saíram para comunicar a todos a mensagem de Jesus Cristo.

O movimento pentecostal tem o objetivo de reavivar a experiência dos primeiros cristãos: deixar que o Espírito de Deus inspire o crente para as atitudes de acolhida, solidariedade, amor e ajuda a quem necessita.

Os primeiros pentecostais surgiram no século XIX, na Igreja Anglicana da Inglaterra. No começo do século XX foi instituída, nos Estados Unidos, a Congregação Pentecostal, por Charles Pharan. Depois nasceram outras Igrejas semelhantes.

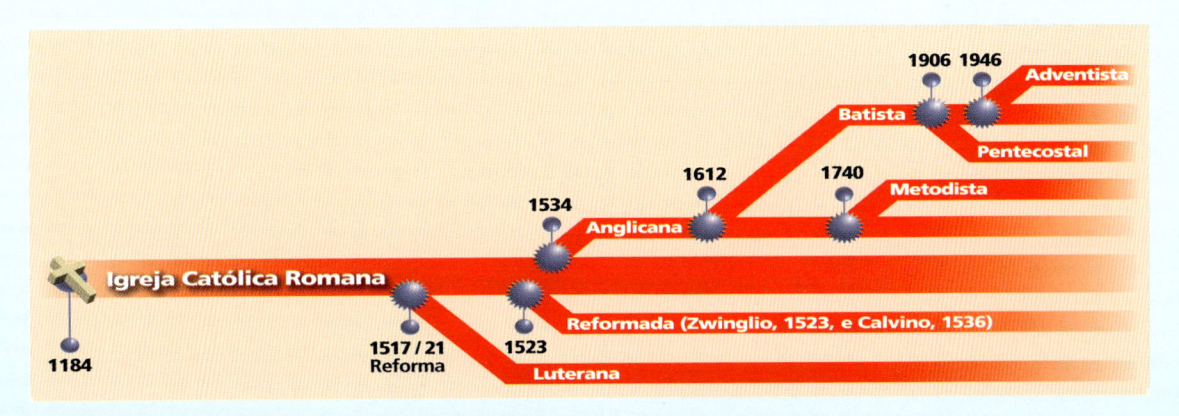

No Brasil, há Igrejas de inspiração pentecostal, como Assembleia de Deus, Igreja Brasil para Cristo, Congregação Cristã do Brasil, Igreja do Evangelho Quadrangular, Igreja Casa da Bênção, Igreja Deus é Amor, Igreja Universal do Reino de Deus e outras.

Os principais pontos da fé e da prática das Igrejas Pentecostais são:

- o "Batismo no Espírito Santo", isto é, o desejo de compreender a fundo as Escrituras e assumir na vida a força e a graça de Deus;
- a interpretação das manifestações de Deus nos acontecimentos da vida;
- a oração comunitária nas dificuldades, como doença, desemprego e outras;
- a espera da segunda vinda de Jesus Cristo;
- a pregação da Palavra de Deus ao maior número possível de pessoas.

ATIVIDADE

Depois de você ter conversado com o grupo sobre o resultado das entrevistas feitas durante a semana e de ter dado sua opinião a respeito de valores e atitudes necessárias para conviver com a diversidade de Igrejas, após ter lido os textos *O carro de Deus* e *As Igrejas Pentecostais*, você pode escrever um texto que justifique a afirmação: "caminhar ao lado de Deus".

PRECE ECUMÊNICA

Espírito de unidade,
oramos por tua Igreja.
Enche teu povo com toda a verdade e paz.
Onde há corrupção, torna-nos puros.
Onde há erros, corrige-nos.
Onde há faltas, transforma-nos.
Onde há injustiça, fortalece-nos.
Onde há divisão, aproxima-nos uns dos outros.

Livro de cultos do Conselho Mundial das Igrejas.

GRANDELANCE

Entrar em um lugar de oração: igreja, templo, centro, terreiro, ou ainda no seu quarto ou outro local de sua preferência, e conversar com Deus como se fosse com seu melhor amigo.

UNIDADE 3

O orvalho na teia da aranha

Objetivo Compreender as manifestações da religiosidade em cada época e cultura, como parte de uma experiência humana única, que não acontece de maneira isolada.

3.1. Uma teia no amanhecer

OBJETIVO

Ver o Fenômeno Religioso como expressão constante e ao mesmo tempo diversifica-da de uma realidade única, que abrange todos os povos de todos os tempos.

MATERIAL

Folha de papel pardo ou cartolina na qual esteja desenhada uma teia de aranha entre dois ramos de árvore. O desenho deve ocupar toda a folha. Cola e pequenos círculos de papel de várias cores.

Você ouve rádio, assiste à televisão e se conecta com outras pessoas pelo celular ou pela internet? Já percebeu que espécies de fios invisíveis nos ligam ao mundo como a uma grande rede?

UMA REDE LANÇADA AO AR

Vivo em uma cidade pequena e nunca estive num centro urbano grande, nem mesmo na capital de meu estado. Minha turma pensa em fazer uma excursão para lá quando chegarmos à formatura, no fim do próximo ano.

Mesmo sem viajar, navego na internet e tenho amizade com estudantes de outros países. Há poucos dias, conheci Mansur, um garoto muçulmano que vive em Marrocos, ao norte da África. Ele sabe espanhol e as línguas semelhantes facilitaram nossa comunicação.

Meu novo amigo me pôs em contato com Lia Kêinu, uma garota que vive em Israel e se comunica com adolescentes do Brasil.

O mundo está envolvido por uma rede única de comunicação, o ciberespaço, que nos permite fazer novas amizades. Alguns anos atrás as redes só serviam para o mar. Agora elas são lançadas também ao ar.

A CULTURA RELIGIOSA É COMO UMA TEIA À LUZ DO SOL

O ser humano tem formas diversas de comunicação. As manifestações da religiosidade formam uma espécie de rede que se estende entre nós e o sagrado.

A tradição religiosa oral do povo Desana, da Colômbia, compara o planeta Terra a uma teia de aranha, que permite ao Sol olhar através dela. Os fios da teia são como as normas segundo as quais devem viver os seres humanos. Eles caminham pelos fios e o Sol os contempla.

Acender incenso nos templos é um gesto religioso do Budismo.

Assim como os Desana, todos os povos têm mitos, símbolos, gestos e objetos que traduzem a experiência religiosa e formam uma rede que envolve o planeta. A teia de aranha orvalhada e iluminada pela luz da manhã é uma ótima imagem dessa rede:

- A aranha vai e vem muitas vezes entre os ramos de uma árvore, em várias direções. Assim é a religiosidade: tecida na cultura ao longo de milhares de anos.

- A teia cede à pressão ou ao peso e balança ao vento, mas não se rompe facilmente. Seu fio é mais forte que um fio de aço da mesma espessura. O sagrado expresso na cultura humana também resiste às mais diversas pressões e não se rompe.

- O fio da teia se projeta em muitas direções e cria vários desenhos, mas é sempre o mesmo e forma uma única imagem harmônica. Também a religiosidade é uma só. Ainda que se expresse de formas diferentes, nas culturas de todos os povos, ela revela a harmonia de uma experiência única.

- Ao amanhecer, a teia está cheia de orvalho, e a luz do Sol cria nela um efeito de cristais coloridos. Se a brisa a movimenta, os cristais mudam de cor, como um diamante. Assim é a cultura sagrada: cada símbolo, mito, lenda, rito, palavra ou crença de uma tradição religiosa é como um pequeno cristal colorido que faz parte de uma grande e bela imagem, construída pela humanidade ao longo da história e iluminada pelo significado transcendente.

Após a leitura e os comentários dos textos *Uma rede lançada ao ar* e *A cultura religiosa é como uma teia à luz do sol*, você pode trabalhar com seu grupo e, depois, compor coletivamente a mais bela imagem da cultura religiosa: uma teia multicolorida pelo efeito da luz do sol nas gotas de orvalho.

Cole nos fios da teia os círculos coloridos que representam sinais da religiosidade e veja o efeito do trabalho.

Depois de a turma toda ter participado da colagem, reflita e comunique sua opinião sobre o que foi novo para você nesta figura e nesta experiência.

ENSINAMENTO TAOÍSTA

ELE E INVISÍVEL E IMPALPÁVEL

Olha-se e não se vê; chama-se o invisível.
Escuta-se e não se ouve; chama-se o inaudível.
Toca-se e não se sente; chama-se o impalpável.
[...]
É inesgotável e não pode ser nomeado.
Remonta-se ao não ser das coisas.
Chama-se a forma sem forma
e a figura que não tem figura.

Não se pode compreender. É o mistério.
Quem o encara não vê seu rosto,
quem o segue não vê suas costas.

Aquele que se atém ao costume dos antigos
governa a existência de hoje
e pode conhecer as origens antigas.
Esse é o estame eterno do princípio.

Escrito sagrado *Tao Te Ching*, atribuído a Lao Tse. China, século VI a.C.

┌ **PARA CASA**

Se você pertence a uma religião indígena, afro-brasileira, cigana ou outra, traga fotos de cerimônias religiosas ou outros eventos de sua comunidade.

Se você não pertence a uma destas tradições religiosas, pesquise na internet, em revistas, em cartões postais e em outras fontes disponíveis e contribua também com as imagens que encontrar.

GRANDELANCE

Com seu grupo de amigos ou amigas, lembrar as pessoas significativas para cada um, e desenhar uma rede formada por todos os nomes. Dar um título expressivo a essa rede.

3.2. Gotas de chuva que correm no rio

OBJETIVO

Compreender as religiões tradicionais como expressões mais antigas da religiosidade, as quais oferecem, em linguagem simples e sábia, o essencial do sentido da vida.

MATERIAL

Fotos, recortes e imagens de povos indígenas e de centros ou cerimônias religiosas afro-brasileiras, ciganas e outras. Equipamento para projeção ou o necessário para expor as imagens coletadas.

Você cultiva amizades e assim reafirma seu direito de participar, opinar, receber atenção e confiar, como também desenvolve a capacidade de respeitar e guardar segredo.

Mas o que aconteceria se os seus amigos e amigas combinassem uma coisa imperdível e esquecessem de avisar você? Nós reagimos de alguma forma quando não somos reconhecidos em nosso grupo.

As culturas orais indígenas e afro-brasileiras favorecem o sentimento de pertença a um grupo. Nelas, cada pessoa é responsável pela comunicação sagrada que mantém viva a identidade do grupo.

AS GOTAS DE CHUVA ENCHEM O RIO

Os índios Pataxó, que vivem na Bahia e em Minas Gerais, usam uma bela comparação para ensinar aos filhos o valor de cada pessoa na aldeia. Cada indivíduo é comparado a uma gota de chuva que cai do céu e junta-se a outras gotas, dentro do rio.

O rio corre e leva fertilidade por onde passa. Ele só vai parar quando

se perder no mar. Assim, cada gota de chuva, sozinha, evapora, mas unida às outras torna-se rio, depois mar.

TRADIÇÃO RELIGIOSA: DOCUMENTO DE IDENTIDADE

Nas sociedades indígenas e nas culturas originais africanas, a pessoa sente-se parte de uma força vital que tem origem no Criador e vem dos antepassados, da natureza e dos seres transcendentes que a guardam e protegem. Esta identidade é mantida por meio dos ritos, símbolos, mitos e crenças que a aldeia conserva e transmite de uma a outra geração.

Em verde, as regiões do mundo onde são mais numerosas as tradições religiosas orais.

Viver no território dos antepassados, venerá-los e respeitar a tradição sagrada que traz significados para a vida da aldeia é o principal objetivo das culturas orais.

No Brasil, as nações indígenas conservam tradições religiosas milenares; as tradições afro-brasileiras guardam ensinamentos trazidos da África há quase cinco séculos e as transmitem por meio da iniciação no conhecimento sagrado.

Os ciganos, da mesma forma, seguem rituais religiosos que os unem aos antepassados, ainda que professem a religião do país onde habitam.

Em todos esses grupos étnicos as pessoas são reconhecidas e valorizadas como sujeitos responsáveis pela conservação da identidade do povo.

ATIVIDADE

O ser humano é sociável. Mas a cultura atual muitas vezes o leva ao individualismo, ao egoísmo, à competição, à rivalidade, ao temor e à vingança.

As tradições religiosas orais têm muito a ensinar à sociedade sobre a humanização e o sentido para a existência em comunidade, porque preservam costumes e valores bastante esquecidos:

- respeitar e venerar os anciãos, porque são experientes e sábios;
- proteger e educar as crianças e a elas comunicar a tradição sagrada;
- reverenciar a memória dos antepassados e esperar deles proteção;
- conviver em harmonia com o meio ambiente, que é fonte de vida;
- prestar culto aos espíritos que protegem a vida, por meio da natureza;

- trabalhar coletivamente e produzir os bens necessários para a sobrevivência de todos;
- compartilhar o alimento como compromisso mais sagrado;
- não acumular recursos desnecessários com prejuízo de quem possui menos.

No grupo, procure lembrar outros valores das culturas tradicionais que você conhece e dê sua opinião:

- Tais crenças, costumes, valores e atitudes são válidos para a sociedade atual?
- Em que consiste sua validade?

Por fim, apresente para a turma as conclusões da reflexão e escute com respeito o que os outros grupos têm a comunicar.

SAUDAÇÃO AFRICANA

AOS ORIXÁS E ANCESTRAIS

Awa o s'oro llé wa o (bis)
Esin kan o pe o ye!
Esin kan o pe kawa na s'oro
Awa o s'oro llé wa o
Orisa l'oro llé wa o
Awa o s'oro llé wa o
Esin kan o pe o ye!
Esin kan o pe kawa na s'oro
Awa o s'oro llé wa o

Tradução

Nós cultuaremos nossa terra (bis)
E ninguém será contra isso, oh, não!
Ninguém nos dirá para nos afastarmos de nossas raízes
Nós cultuaremos nossa terra
Orisa é o culto de nossa terra

Nós cultuaremos nossa terra
E ninguém será contra isso, oh, não!
Ninguém nos dirá para nos afastarmos de nossas raízes

Saudação original em língua Yorubá, proveniente da tradição oral da Nigéria.
Tradução de Sandra Epega, Iyalorixá do templo ile Leviwyato.

PARA CASA

Você pode reunir-se com colegas e visitar lojas e bazares, para observar objetos que lembram a natureza, o esoterismo, a Nova Era e o movimento holístico. Por exemplo: pedras, cristais, incenso, luas, estrelas, gnomos, duendes, bruxas e outros símbolos.

Pode anotar ou fotografar o que vê (com autorização da pessoa responsável pela loja), ou pedir esses objetos emprestados a pessoas que os têm em casa, ou ainda pesquisar fotos na internet e trazer para a próxima aula.

GRANDELANCE

Trazer para a aula algumas músicas que falem de igualdade, amor, participação, amizade e outros valores.

3.3. Caminhar no meio das estrelas

OBJETIVO

Conhecer a tendência atual para a religiosidade cósmica e esotérica.

MATERIAL

Resultados das pesquisas e coletas de imagens, fotos e objetos referentes ao esoterismo. Equipamento para projetar as imagens ou expor as fotos, objetos e ilustrações.

O planeta está ameaçado: os mananciais de água, as florestas, a fauna, o solo, a produção de alimentos, o mar e a atmosfera sofrem violência, e a depredação traz grave risco de morte a toda a humanidade. Isso faz muita gente compreender a relação recíproca de dependência: a natureza precisa de nós, assim como nós precisamos dela.

UMA FESTA NO PARQUE

No último domingo toda a galera lá de casa foi ao parque: meus pais, minha bisavó, que vive conosco, meu irmãozinho de adoção, minha irmã e eu. Somos uma família e tanto! Mas ainda sobra lugar no carro para o meu cão Bob, que é indispensável nos passeios. Chegamos ao parque às 11 horas. Era o dia de oração pela paz no mundo. Havia pessoas das mais variadas tradições religiosas, que, juntas, pediam paz para toda a humanidade.

Na multidão que acompanhava a cerimônia religiosa, todos tinham uma faixa branca, dessas que se costuma amarrar na cabeça, com as palavras "paz no mundo".

As famílias amarraram faixas aos pescoços de seus cães e eu logo arrumei uma para o Bob. Até as árvores do parque participaram, com os galhos repletos de faixas, bailando ao vento como pombas brancas prontas a voar.

No dia seguinte, durante a aula de Ensino Religioso, muitos de nós, que havíamos estado no parque, comentamos os detalhes, e uma colega disse: "O que mais me sensibilizou foram os cães e as árvores com faixas brancas. Entendi que todos os seres vivos anseiam por paz". Nossa colega Li Shin, filha de imigrantes coreanos, completou: "Meus pais choraram de emoção, porque na Coreia as pessoas também amarram fitas nos galhos das árvores, onde escrevem saudações e súplicas budistas".

Árvore de Seul, na Coreia do Sul.
As pequenas fitas contêm preces budistas.

VOCÊ É FILHO DO UNIVERSO

As narrativas míticas da criação do mundo, na maioria das tradições religiosas, dizem que o ser humano foi criado "do pó da terra", ou seja, "da matéria". Nosso corpo é formado pelos elementos químicos da natureza. Nosso equilíbrio e harmonia dependem da sintonia pacífica com os outros seres vivos que nos rodeiam e com todo o planeta.

Existem terapias alternativas, rituais e símbolos que procuram ajudar as pessoas a entrar em harmonia consigo e com o meio ambiente. A recuperação dos símbolos e das crenças antigas ligadas à terra, à natureza, ao autoconhecimento e à harmonia interior chama-se *esoterismo*, que significa "contato com o mistério".

Em todos os tempos e regiões do mundo, a experiência do sagrado sempre foi simbolizada pelas forças naturais. Desde os deuses da Grécia antiga, até os orixás das tradições africanas e os espíritos das crenças indígenas, todos representam o mar, o vento, a terra, o Sol, a mata, a montanha, a árvore, a água e a floresta.

ATIVIDADE

Após ter dado sua opinião sobre o assunto da aula e ouvido as opiniões dos colegas, você pode participar de um debate em grupo e refletir:

- O que significa a expressão "contato com o mistério"?
- Qual dessas atitudes lhe parece mais importante para a cidadania e o bem da sociedade:
  a) Participar de um evento como a festa no parque?
  b) Ter em casa símbolos e objetos que lembrem o esoterismo?

DESIDERATA

Você é filho do universo,
irmão das estrelas e árvores.
Você merece estar aqui.
E mesmo se você não pode compreender,
a vida e o universo vão cumprindo
o seu destino.

Fragmento do poema *Desiderata*. Autor desconhecido.

PARA CASA

Entrevistar pessoas espíritas a respeito das obras assistenciais e do trabalho voluntário em benefício dos necessitados. Conhecer as convicções que levam as pessoas a se dedicarem ao próximo.

GRANDELANCE

Criar um *slogan* sagrado que fale de uma espiritualidade ligada à natureza. Escrever faixas e amarrar em sua árvore preferida, no pescoço de seu animal de estimação e em locais significativos para você.

3.4. Bater à porta do além

OBJETIVO

Refletir acerca de como a cultura da comunicação apresenta a realidade pós-morte e conhecer a origem e os principais ensinamentos do espiritismo kardecista.

MATERIAL

Resultado das entrevistas com pessoas espíritas.

Você gosta de filmes, livros e revistas de suspense e terror?

Já percebeu como nessas histórias os mortos que voltam geralmente são monstruosos e assassinos? Eles apavoram, mas, ao mesmo tempo, fascinam e atraem, porque temos imensa curiosidade sobre o que existe depois da morte. Fazemos tentativas de comunicação, como se batêssemos no portão do além, na esperança de que ele se abra e revele seus mistérios.

PARA ALÉM DO PORTAL DA MORTE

No século XIX, na residência da família Fox, nos Estados Unidos, ruídos misteriosos respondiam à brincadeira de duas meninas que batiam com os pés na cama de madeira. Tempo depois, em uma reforma da casa, foram encontrados restos mortais de uma pessoa enterrada no porão e todos pensaram que o morto houvesse tentado comunicar-se com as crianças.

A notícia difundiu-se e chegou à França, onde algumas pessoas costumavam fazer uma brincadeira: concentrar-se, de mãos dadas, ao re-

Allan Kardec

dor de uma mesa e fazê-la mover-se sozinha.

O pedagogo francês León Hippólyte Denizard Rivail assistiu a uma dessas sessões. Ao ver que a mesa se movia ao leve contato dos dedos das pessoas e respondia, por estalos, às perguntas que lhe eram feitas, resolveu pesquisar sobre a causa do fenômeno, e ao saber do que acontecera na residência da família Fox, nos Estados Unidos, atribuiu o fato aos espíritos dos mortos.

Tempos depois, ele mesmo disse ter recebido a visita de um espírito de nome Zéfiros, que lhe deu a missão de divulgar a revelação dos espíritos.

León Hippólyte passou a se chamar Allan Kardec, pois, por revelação do espírito de Zéfiros, soube que, em outra encarnação, havia tido este nome, quando fora um sacerdote druida no norte da Europa, muitos séculos antes.

A partir de então, o pedagogo dedicou-se a investigar e elaborar a doutrina espírita.

A DOUTRINA KARDECISTA DA REVELAÇÃO DOS ESPÍRITOS

Os xamãs das tradições religiosas orais sempre fizeram ritos de comunicação com os antepassados e com os espíritos, considerados protetores dos clãs primitivos.

A mediunidade é uma das mais antigas crenças sagradas. Nas religiões afro-brasileiras são feitas cerimônias nas quais os orixás comunicam-se através das pessoas.

Na doutrina espírita kardecista, que teve início no século XIX, crê-se que é possível o contato com os espíritos de pessoas falecidas, e os médiuns procuram estabelecer

O médium brasileiro Chico Xavier psicografa mensagens recebidas de espíritos de pessoas mortas.

essa comunicação. É um contínuo "bater à porta do além".

O Espiritismo é uma doutrina filosófico-religiosa e a ela está associada a prática da necromancia, isto é, a evocação dos espíritos dos mortos. Enquanto doutrina filosófico-religiosa, propõe a revelação dos espíritos em seis pontos principais:

- A origem e o fim dos espíritos é Deus, o ser perfeito.

- Os espíritos são imortais e tendem à perfeição.

- A perfeição requer um processo de purificação, em sucessivas reencarnações, em mundos sempre mais elevados, até o estado definitivo, na luz.

- A Terra é um dos mundos mais rústicos no processo de reencarnação. Só assim se explicam os males que atingem a humanidade. Eles não existem em mundos superiores onde os espíritos são mais evoluídos.

- Os espíritos desencarnam com a morte e podem ficar neste estado até voltarem a encarnar em outro corpo, neste ou em outro mundo. Enquanto reencarnados, comunicam-se através dos médiuns.

- Cada pessoa deve purificar-se das faltas cometidas em vidas anteriores, mediante a caridade e o amor ao próximo.

ATIVIDADE

Após ter dialogado com a turma sobre a vida após a morte, conforme é apresentada na cultura da comunicação, e depois de ter conhecido mais sobre o espiritismo, reflita e escreva sua convicção pessoal, conforme a sugestão a seguir:

- Como é mais coerente pensar na vida humana após a morte:

    a) a versão das histórias de terror?

    b) a versão espírita?

- Por que é necessário respeitar os diferentes modos de crer no mistério do além?

FILOSOFIA INDIANA

ALÉM DE TODAS AS COISAS

O espírito é indestrutível.
Espadas não podem cortá-lo.
O fogo não pode queimá-lo.
A água não pode molhá-lo.
O espírito está além do poder de todas as coisas.
Como o homem é imortal,
ele é sempre vitorioso.
Por isso, não precisa lamentar-se jamais.

Bhagavad-Guita, 2,20-26

PARA CASA

A classe pode ser dividida em grupos e cada grupo pode pesquisar os principais ensinamentos éticos, isto é, as atitudes de vida que são ensinadas por uma das tradições religiosas escritas: Budismo, Islamismo, Judaísmo, Cristianismo e outras.

Escrever as palavras-chave encontradas. Por exemplo: não matar, dizer a verdade, não roubar etc.

Apresentar o resultado da pesquisa de forma artística: escrever em papel Kraft e enrolar, imitando pergaminho, produzir uma reportagem de TV ou de rádio, compor uma canção ou outra forma preferida.

GRANDELANCE

Criar, com sua turma, uma peça de teatro sobre uma das atitudes ensinadas pelas tradições religiosas.

UNIDADE 4

A religiosidade humanizada

Objetivo Compreender a atualidade das crenças, atitudes e valores das tradições religiosas, tidos como patrimônio cultural imaterial da humanidade.

4.1. O mistério das letras vivas

OBJETIVO

Constatar que os escritos sagrados partem da mesma fonte da tradição oral: a experiência religiosa.

MATERIAL

Resultado da pesquisa sobre os principais ensinamentos éticos das tradições religiosas. Imagens da internet ou de livros e enciclopédias sobre sítios arqueológicos que tenham desenhos rupestres, inscrições em templos antigos, pedras, pergaminhos, alfabetos e outros.

Você já escreveu um cartão ou uma carta a alguém? Já tentou manifestar pessoalmente algum sentimento de amor ou gratidão? Às vezes não é mais fácil escrever do que revelar ao vivo o que guardamos no coração por uma pessoa?

Os escritos sagrados registram os mesmos sentimentos, intuições e convicções que a tradição oral conserva em relação ao mistério transcendente.

A PROPOSTA DO VELHO CARREIRO

Diz um conto russo que um velho lenhador conduzia o carro de bois quando as rodas atolaram em uma poça de lama. Os bois vinham cansados de um dia inteiro de trabalho e foi preciso ao lenhador descarregar a lenha. Os animais puxaram o carro e ele colocou toda a carga de volta.

Ainda longe de casa, o carreiro viu a noite cair, perdeu a esperança de chegar a tempo para fazer as orações na hora recomendada por sua religião e fez uma proposta a Deus:

"Bom Deus, o Senhor sabe o quanto eu queria estar em casa e rezar na hora devida. Mas minha memória não guarda nenhuma oração. Então, não me leve a mal, porque vou recitar todo o alfabeto. O Senhor, que conhece as preces, só terá o trabalho de juntar as letras, formar as palavras e ouvi-las, como se fossem aquelas que estão escritas em meu livro".

Assim fez o devoto carreiro, e Deus riu muito naquela noite, porque nunca tinha sido tão divertido para ele escutar orações.

Tradição oral dos judeus da Rússia.

ESCRITA, COMUNICAÇÃO DOS DEUSES

As tradições religiosas orais são ligadas à natureza, enquanto as tradições escritas surgiram em culturas urbanas, mas as duas têm o mesmo objetivo: guardar a herança do sagrado.

Nas tradições orais, a comunicação do transcendente é feita por meio dos xamãs ou sacerdotes, e todos os ritos, as palavras e os gestos são sagrados. É uma tradição viva, comunicada por sentimentos, ritos e símbolos. Já as tradições escritas traduzem a experiência do sagrado por meio das palavras registradas perenemente em textos que se tornam venerados e reverenciados pelos fiéis.

Os egípcios executavam seus desenhos nas paredes dos túmulos ou em papiros como este.

No fim da Pré-História, o *homo sapiens* criou recintos sagrados nas cavernas, onde os xamãs desenhavam nas rochas os animais que deveriam ser caçados. Para a mentalidade mágica, o ato de fixar a imagem do animal na rocha tinha o poder de imobilizá-lo no campo e facilitar o trabalho dos caçadores.

Quando as primeiras civilizações se desenvolveram e foram construídos os templos, os desenhos evoluíram para símbolos que representaram ideias referentes aos deuses. Nas paredes e colunas dos templos havia inscrições sagradas, que com o tempo foram se tornando mais complexas e deram origem a sistemas de sinais: os alfabetos e a escrita.

Com os alfabetos, foi possível escrever mitos, narrativas e códigos de leis. E já não havia espaço suficiente em paredes de templos. Foi preciso inventar um material para escrever. Assim surgiram os escritos sagrados em pequenas placas de cerâmica, papiros e pergaminhos.

Os escritos sagrados mais conhecidos são:

Muitas igrejas trazem imagens bíblicas pintadas nas paredes ou em murais. Esta era uma forma de ensinar as Escrituras Sagradas ao povo que não sabia ler (Michelangelo, Capela Sistina).

- o *Livro dos mortos*, do Egito antigo, que trazia o procedimento que o fiel devia seguir após a morte para ser julgado inocente, depois de seu coração ter sido pesado na balança da justiça do deus Osíris;

- o *Agamas*, do Jainismo, um ramo do hinduísmo, que ensina a reverência pela vida: não maltratar e não matar nenhum dos seres vivos;

- os *Vedas*, do Bramanismo indiano, que encerram o conhecimento sobre os sacrifícios, as artes mágicas e a exaltação ao deus Brahma;

- o *Tripitaki*, do Budismo, que propõe o relacionamento pacífico com os semelhantes e com a natureza, como condição para o nirvana – a comunhão cósmica;

- o *Código de Hamurabi*, que o rei da Babilônia recebeu das mãos do deus Shamash, para exercer a justiça e ensinar ao povo a reverência aos deuses;

- o *Oráculo de Delfos*, que os gregos acreditavam ter sido escrito pelo deus Apolo, para ensinar às musas a arte da adivinhação;

- o *Avesta*, da antiga Pérsia, que traz a doutrina de Zaratustra, o Zoroastrismo;

- a *Torá* judaica, que revela a ação do Deus de Israel na história do povo hebreu;

- a *Bíblia*, do Cristianismo, que reúne os escritos judaicos e os relatos das primeiras comunidades cristãs;

- o *Alcorão*, que o profeta Maomé ditou aos escribas, em nome de Allah, para orientar o monoteísmo islâmico na Arábia.

ATIVIDADE

Depois de ter constatado, por meio de imagens e dos conhecimentos da turma, que a escrita sagrada é uma atividade primordial da humanidade, você pode reunir-se com seu grupo e apresentar o resultado da pesquisa sobre as principais atitudes ensinadas pelos textos sagrados das diversas tradições religiosas.

Após a apresentação dos trabalhos em grupo, o tempo é seu, para ouvir e dialogar com a turma.

Você pode elaborar suas conclusões sobre as principais atitudes de vida que se repetem no ensinamento de todas as tradições escritas e a contribuição que esses escritos podem dar à sociedade atual.

PRECE EGÍPCIA

DECLARAÇÃO DE INOCÊNCIA

Salve, grande Deus, senhor da justiça.
Venho a ti, meu Senhor, para ver tua perfeição.
Não cometi iniquidade contra os homens.
Não maltratei ninguém.
Não cometi pecados na praça da verdade.
Não tentei conhecer o que não é para conhecer.
Não comecei o dia recebendo uma comissão
das pessoas que deviam trabalhar para mim,
e meu nome não chegou à função de chefe de escravos.
Não blasfemei contra Deus.
Não empobreci um pobre em seus bens.
Não fiz o abominável aos olhos de Deus.
Não causei aflição.
Não causei a fome.
Não fiz chorar.
Não mandei matar.
Não fiz mal a ninguém.
Não diminuí as oferendas de alimentos nos templos.
Não adulterei o peso na balança.
Não tirei o leite da boca das crianças [...].

Livro dos mortos do Egito, século XVI a.C. Era colocado nas mãos da pessoa ao ser sepultada, para que lesse diante de Osíris, o deus da justiça.

PARA CASA

Você é capaz de se comunicar. Parece óbvio, isso é um imenso privilégio.

A palavra é um direito exclusivo do ser humano.

Pense, converse com amigos ou amigas, consulte pessoas adultas de sua confiança e procure escrever sua conclusão pessoal: como seria o mundo se as pessoas dialogassem mais?

GRANDE LANCE

Aproximar-se mais dos adultos ou das crianças de sua família: oferecer ajuda, convidar para uma diversão, interessar-se por algo que estejam fazendo, dar um abraço, elogiar ou agradecer por alguma coisa.

4.2. Diálogo, privilégio humano

OBJETIVO

Compreender o diálogo e a capacidade de escutar e entender o outro como atitude indispensável de convivência na diversidade cultural e religiosa.

MATERIAL

Conclusões sobre como seria o mundo se as pessoas dialogassem mais.

Você já viu a alegria de uma família quando um bebê pronuncia a primeira palavra? Todos ficam encantados e querem ouvir sempre de novo.

A PALAVRA FAZ A DIFERENÇA

Um casal de biólogos resolveu fazer uma experiência científica: acompanhar e comparar dia a dia o desenvolvimento de habilidades em um macaco e em um ser humano. Quando o filho do casal completou um mês de idade, trouxeram para casa um filhotinho de macaco, também de um mês, e passaram a tratar os dois da mesma forma. Brinquedos, passeios, alimentação, carinho e aconchego no colo dos pais, histórias, tempo diante da televisão, músicas, tudo era igual para o menino e para o macaquinho.

Conforme o tempo passava, os biólogos constataram no animal uma esperteza muito superior à do bebê. Ele respondia com maior rapidez a qualquer estímulo e participava mais das brincadeiras e dos pequenos de-safios que eram oferecidos aos dois. Ao chegarem à idade de um ano, a diferença era enorme. O macaco desempenhava-se melhor do que o menino em qualquer atividade.

Um dia, porém, o garoto conseguiu dizer as primeiras palavras e em breve começou a articular a linguagem oral. Desde então, deixou o macaco para trás e não houve mais como comparar a evolução dos dois.

O animal, no primeiro ano de vida, já sabia tudo o que era possível à sua espécie. O menino estava apenas começando, e as primeiras palavras foram como uma chave que abriu as portas da maravilhosa capacidade humana de aprender.

PALAVRA, ARCA DE UM TESOURO

Falar é um direito exclusivo do ser humano e nos faz diferentes de todos os outros seres vivos. Pode acontecer que, por meio da palavra, agridamos e maltratemos alguém, mas somos livres para usá-la para demonstrar respeito, amizade e amor.

Quanto mais dialogamos, mais humanizamos nossa vida e mais felizes fazemos as pessoas com quem convivemos. A palavra é um direito sagrado, seja pronunciada, escrita ou só pensada. É nossa marca como seres humanos.

Crianças judias na escola da sinagoga acompanham a leitura de seus escritos sagrados.

A comunicação sagrada com o transcendente foi uma das primeiras atividades da inteligência humana, a única que ficou registrada desde milhares de anos em rochas e grutas de todos os continentes. É um patrimônio de nossa espécie.

Disse anos atrás o cacique de uma aldeia Kaiapó, da Amazônia: "Antes os nossos antepassados defendiam suas terras e seu povo com lanças e bastões de guerra. Agora nós as defendemos com pensamentos, e as nossas palavras chegam até a imprensa".

Blumenfeld, Larry. *Vozes de mundos esquecidos*. Centro dos Direitos Humanos das Nações Unidas. p. 71.

ATIVIDADE

Hoje a turma vai se organizar em duplas.

Você pode ler e comentar com alguém as conclusões que escreveu sobre como seria o mundo se as pessoas dialogassem mais.

O diálogo pressupõe falar e escutar, para que se criem sempre mais respeito e amizade.

Depois do diálogo entre as duplas, você pode se reunir a um grupo maior e comunicar o que significou o diálogo com um colega.

No fim da partilha, o grupo pode elaborar por escrito uma convicção a respeito da importância da palavra e do diálogo para se conviver com a diversidade. Por exemplo: conhecer o outro é vencer preconceitos, mas só conhece quem escuta e dialoga.

AS PALAVRAS

Pronunciando-as, escrevendo-as,
tenho consciência de sua eternidade.

A arte é um passo
do conhecido para o desconhecido.

Éramos criaturas tremulantes,
errantes, vibrantes de desejo,
milhares de anos antes
que o mar e o vento da floresta
nos dessem as palavras.

Ora, como poderemos exprimir a antiga divindade
que carregamos em nosso interior
somente com os sons de nossos dias anteriores?

Gibran, Khalil. *Para além das palavras*. São Paulo: Paulinas, 1995. p. 260.

GRANDELANCE

Assistir ao filme *Inteligência artificial* (Direção: Steven Spielberg, EUA, 2001).

4.3. A herança em suas mãos

OBJETIVO

Compreender que a cultura imaterial é um patrimônio da humanidade e deve ser respeitada e preservada pela geração atual.

O que você faria se descobrisse ser o único herdeiro ou herdeira de seus antepassados ricos e desconhecidos?

Uma herança é sempre gratuita, é um bem pelo qual a pessoa não precisou lutar nem se sacrificar porque outros passaram por isso em seu lugar.

Todo ser humano nasce herdeiro de um incalculável patrimônio cultural, construído pela humanidade ao longo de milênios, com a soma do esforço, da dedicação, da inteligência e da sabedoria de incontáveis multidões.

O PATRIMÔNIO CULTURAL IMATERIAL

A UNESCO, órgão das Nações Unidas para a Educação, a Ciência e a Cultura, aprovou em 2003 a Declaração elaborada pela Convenção para a Salvaguarda do Patrimônio Cultural Imaterial. O documento traz em primeiro lugar as justificativas da UNESCO:

- Referindo-se aos instrumentos internacionais existentes em matéria de direitos humanos, em particular à Declaração Universal dos Direitos Humanos de 1948;

- Considerando a importância do patrimônio cultural imaterial como fonte de diversidade cultural e garantia de desenvolvimento sustentável;

- Considerando a profunda interdependência que existe entre o patrimônio cultural imaterial e o patrimônio material cultural e natural;

- Reconhecendo que os processos de globalização e de transformação social, ao mesmo tempo em que criam condições propícias para um diálogo renovado entre as comunidades, geram também, da mesma forma que o fenômeno da intolerância, graves riscos de deterioração, desaparecimento e destruição do patrimônio cultural imaterial, devido em particular à falta de meios para sua salvaguarda;

- Consciente da vontade universal e da preocupação comum de salvaguardar o patrimônio cultural imaterial da humanidade;

- Reconhecendo que as comunidades, em especial as indígenas, os grupos e, em alguns casos, os indivíduos, desempenham um importante papel na produção, salvaguarda, manutenção e recriação do patrimônio cultural imaterial, assim contribuindo para enriquecer a diversidade cultural e a criatividade humana.

A seguir, a UNESCO define em três artigos o patrimônio cultural imaterial da humanidade:

Artigo 1

Entende-se por "patrimônio cultural imaterial" as práticas, representações, expressões, conhecimentos e técnicas – junto com os instrumentos, objetos, artefatos e lugares culturais que lhes são associados – que as comunidades, os grupos e, em alguns casos, os indivíduos reconhecem como parte integrante de seu patrimônio cultural.

Este patrimônio cultural imaterial, que se transmite de geração em geração, é constantemente recriado pelas comunidades e grupos, em função de seu ambiente, de sua interação com a natureza e de sua história, gerando um sentimento de identidade e continuidade e contribuindo assim para promover o respeito à diversidade cultural e à criatividade humana.

Para os fins da presente Convenção, será levado em conta apenas o patrimônio cultural imaterial que seja compatível com os instrumentos internacionais de direitos humanos existentes e com os imperativos de respeito mútuo entre comunidades, grupos e indivíduos, e do desenvolvimento sustentável.

Artigo 2

O "patrimônio cultural imaterial", conforme definido no parágrafo 1 acima, se manifesta em particular nos seguintes campos:

- tradições e expressões orais, incluindo o idioma como veículo do patrimônio cultural imaterial;
- expressões artísticas;
- práticas sociais, rituais e atos festivos;
- conhecimentos e práticas relacionados à natureza e ao universo;
- técnicas artesanais tradicionais.

Artigo 3

Entende-se por "salvaguarda" as medidas que visam garantir a viabilidade do patrimônio cultural imaterial, tais como a identificação, a documentação, a investigação, a preservação, a proteção, a promoção, a valorização, a transmissão – essencialmente por meio da educação formal e não formal – e revitalização deste patrimônio em seus diversos aspectos.

Os artigos seguintes do documento referem-se aos compromissos que devem ser assumidos pelos Estados membros da ONU (Organização das Nações Unidas) com a conservação do patrimônio cultural imaterial. O texto integral pode ser consultado no site da UNESCO no Brasil: <www.brasilia. unesco.org/publicacoes/docinternacionais/doccultura>.

ATIVIDADE

Após ter lido e comentado com a turma parte da declaração da UNESCO sobre o patrimônio cultural imaterial da humanidade, você pode comentar o que lhe parece mais surpreendente e importante no texto.

Depois, releia-o em silêncio, pense na cultura brasileira e escreva tudo o que, em seu entender, pertence ao patrimônio cultural imaterial (crenças, mitos, lendas, religiões, valores etc).

Concluído o trabalho, a turma pode fazer um gráfico da seguinte forma:

- uma pessoa escreve as palavras que anotou, uma ao lado da outra, na parte inferior do quadro;
- outra pessoa continua a mesma linha, com palavras diferentes. Caso tenha anotado palavras repetidas, deve escrevê-las acima das que o colega escreveu, e assim sucessivamente, até que todos escrevam;
- o resultado será um gráfico, cujos picos formados pelas palavras repetidas indicarão os aspectos do patrimônio cultural imaterial, considerados mais importantes pela turma.

Por fim, o texto pode ser relido e conferida a semelhança entre o gráfico e os elementos apontados pela UNESCO.

Antes de encerrar a aula é preciso escrever os nomes de todos, para a brincadeira do amigo-oculto.

HINO HINDUÍSTA

A GLÓRIA DO ESPÍRITO

Observai no universo a glória de Deus
E tudo o que vive e se move na terra.
Evitai o que é perecível
E procurai a alegria do que é eterno.
Não vos deixeis atrair pelas posses dos outros.

O Espírito é mais rápido do que o pensamento.
Os sentidos não o podem alcançar.
O Espírito da vida conduz as correntes da ação
Para o oceano de seu ser.

O Espírito preenche tudo maravilhosamente.
É supremo, puro e sem maldade.
Tudo colocou no caminho da eternidade.
Um é o resultado do saber, outro, o da ação.
Assim nos foi dito pelos amigos sábios
Que nos explicaram esta verdade.

Mendes Pinto, Paulo. *Religiões:* histórias, textos e tradições. Lisboa: Paulinas, 2007. p. 246.

PARA CASA

Pense na pessoa cujo nome você tirou na brincadeira de amigo-oculto. Descreva as diferenças que você vê nela em relação a você: interesses, gostos, religião, modo de vestir, enfim, tudo o que você conseguiu ver na pessoa, durante o ano. Prepare para ela uma lembrança e escreva um cartão no qual você expressa sua amizade.

4.4. A chave da amizade

OBJETIVO

Vivenciar o valor positivo da diversidade e da amizade construída após o ano de reflexão coletiva e partilha de experiência.

MATERIAL

A descrição das diferenças do amigo-oculto, a lembrança e o cartão que foram preparados em casa.

■ UM ANIVERSÁRIO INESQUECÍVEL

Todos os anos fazemos festa no aniversário da escola. Cada vez uma classe fica responsável: planeja o que será apresentado e convida as outras classes a ajudarem na preparação. A cada ano há um tema especial que toda a escola trabalha e, neste ano, é amizade.

Nossa sala foi a responsável pelas apresentações artísticas da festa deste ano. Decidimos fazer uma surpresa para todos e propor o tema: amizade entre as religiões. Planejamos tudo e pusemos mãos à obra. Primeiro, fizemos a proposta aos professores e eles assumiram conosco a coordenação e o acompanhamento das atividades interdisciplinares. Depois distribuímos as sugestões e deixamos que cada turma criasse um jeito de participar. O resultado foi genial!

O prédio foi decorado com os símbolos que representavam as várias

religiões, todos confeccionados com material reciclável.

Na entrada foi montado um painel com fotografias de alunos e professores, participando de cerimônias das tradições religiosas a que pertencem.

No dia da festa foram apresentados cânticos das tradições religiosas presentes na escola e houve uma exposição de objetos e livros sagrados, vindos das famílias e das comunidades de fé.

Mas o ponto alto foi a apresentação, em forma de cartazes ou pequenas peças teatrais, do modo como cada tradição religiosa vive a amizade. Descobrimos que a palavra é sinônimo de diálogo, escuta, respeito, participação, reverência, perdão, solidariedade. Enfim, pela amizade nos humanizamos e somos capazes de compreender e viver o relacionamento entre nós e com o sagrado.

Incrível é que as outras turmas descobriram a mesma coisa, pois todas essas atitudes surgiram em nosso relacionamento, durante a preparação da festa.

A AMIZADE É UMA ÁRVORE CHEIA DE FRUTOS

Buda ensinou a seus discípulos que o *dharma*, isto é, o caminho para a perfeição, consiste na amizade e na intimidade com tudo o que é belo e bom. É um caminho ladeado de flores, que representam a compaixão, a não violência, a superação do egoísmo, a busca da verdade, a sabedoria e a paz.

As tradições religiosas desejam compartilhar reconhecimento e amizade. A convivência e o respeito às diferenças são resultado de atitudes: quebra de preconceito, aproximação, diálogo e conhecimento mútuo. Os frutos que essa grande árvore oferece são a alegria, a confiança, a segurança, a participação e a liberdade.

ATIVIDADE

Você pode pensar e escrever uma breve mensagem de amizade para a pessoa que tirou na brincadeira do amigo-oculto.

Pode revelar a toda a turma a identidade da pessoa, ler a mensagem que acaba de escrever para ela e entregar a lembrança que preparou.

PRECE BAHÁ'I

PELA UNIDADE

Ó, Senhor bondoso!
Faze as religiões concordarem e torna as nações uma só
para que se considerem uma única família
e tenham a terra como um só lar.
Que se associem em união e acordo.
Ó, Deus! Ergue o estandarte da unidade do gênero humano!
Estabelece a suprema paz!
Enlaça os corações, ó Deus!
Extasia os corações com a fragrância do teu amor,
ilumina os olhos com a luz de tua guia;
alegra os ouvidos com as melodias da tua palavra
e abriga-nos no recinto da tua providência.
Tu és o grande e o poderoso!
És o clemente, aquele que perdoa as faltas da humanidade.

Abdu'l-Bahá. *Conservação dos recursos da Terra*.
Mogi Mirim: Editora Bahá'í do Brasil, 1995.

Glossário

Além – o mistério que se refere ao que existe após a morte. As tradições religiosas orais e escritas creem na imortalidade e interpretam de várias formas a sobrevivência humana além da morte.

Antepassados – pessoas que viveram antes de nós; espíritos dos mortos venerados por suas famílias na maioria das sociedades de religião tradicional. Os descendentes creem que os antepassados, que vivem no mundo transcendente, continuam também a habitar o espaço residencial da aldeia ou vivem junto a uma árvore, a um rio ou mesmo na floresta e podem protegê-los, ajudá-los e guiá-los. Usa-se também a expressão para falar de gerações passadas de modo geral, como antepassados do gênero humano.

Budismo – doutrina e prática religiosa fundada por Shidharta Gautama, um príncipe indiano que, ao chegar ao estado de iluminação e compreensão da vida humana e do transcendente, passou a ser chamado Buda, que significa "Iluminado".

Comunidade de fé – pessoas que se reúnem periodicamente em determinado local para celebrar a pertença a uma tradição religiosa e a uma fé comum. Na comunidade também se organiza a ação comunitária.

Cristianismo – doutrina e prática que tem sua origem na pessoa e na vida de Jesus Cristo e nos seus ensinamentos. Inspira-se, principalmente, no Segundo ou Novo Testamento, a parte da Bíblia que se refere a Jesus e a seus seguidores e às primeiras comunidades cristãs. Suas características são: o amor ao próximo, inclusive aos inimigos, a ação solidária, a fraternidade, o perdão e a fé na ressurreição.

Cruzeiro – monumentos de Cristo crucificado, que, em geral, são construídos sobre morros e colinas, nos arredores das cidades.

Deus dos pastores – divindade primitiva das tribos nômades do deserto do Sinai. Na Bíblia hebraica é chamado pelo nome Eli, e traduzido nas línguas modernas pela palavra Deus.

Divindade – ser transcendente que está abaixo do Deus supremo, mas acima dos espíritos dos antepassados e dos mortais. A maioria das tradições religiosas escritas e orais crê em divindades intermediárias entre os mortais e o Criador do mundo. Nas tradições de origem africana, por exemplo, são os orixás.

Entrar em comunhão – termo usado em várias tradições religiosas orais e escritas para definir a relação da pessoa com o transcendente.

Escritos sagrados – rolos, livros, inscrições em pedras, em templos etc., que contêm doutrina, sabedoria e ética das tradições religiosas escritas. Alguns foram escritos pelos fundadores das respectivas tradições ou por seus discípulos; outros são de autoria desconhecida, pois sua origem perde-se no tempo.

Esotérico – misterioso, reservado. O termo era usado na Antiguidade para os ritos de mistério, ligados à natureza, que poucos conheciam. Atualmente a palavra "esoterismo" define a reverência à natureza e sua dimensão sagrada.

Espíritos – algumas tradições religiosas do passado e de hoje creem nos espíritos dos antepassados, que continuam vivos e podem comunicar-se com seus descendentes por meio de sonhos; outras creem também nos espíritos totêmicos, isto é, em determinados animais, vegetais ou objetos que protegem a tribo ou o indivíduo.

Espíritos desencarnados – termo do Espiritismo que define o estado de um espírito após a morte, antes de reencarnar em outro corpo. É o período em que o espírito pode se comunicar com os vivos por meio dos médiuns.

Hinduísmo – tradição religiosa da Índia, originada nos escritos sagrados Vedas. Professa a existência de Brahma, deus emanador da toda a matéria, e de várias divindades menores. Com o passar dos séculos, o Hinduísmo recebeu novas interpretações e formaram-se várias tradições, com alguns pontos divergentes entre si, mas essencialmente semelhantes, como o Jainismo e o Budismo.

Homo sapiens – expressão latina que significa "homem inteligente" e indica os seres humanos que viveram no último período da Pré-História, antes da invenção da escrita, há cerca de 6 mil anos, e deram origem aos nossos antepassados e a nós. Por isso nós também somos definidos como *Homo sapiens*.

Imortalidade – crença de que os deuses e espíritos não sofrem as consequências da morte material e que os seres humanos também, ao passarem pela morte, entram no mundo da imortalidade, como por uma porta de passagem.

Iniciação – ritos de sociedades tradicionais que marcam a passagem da infância para a idade adulta e tornam a pessoa plenamente participante dos direitos e deveres sociais e religiosos de seu grupo.

Islamismo – religião fundada pelo profeta Mohammad (Maomé), no início do século VII, na região da Arábia. A palavra *Islã*, em árabe, significa "submissão à vontade de Allah". *Allah* significa "Deus" na língua árabe. Os seguidores dessa religião são chamados muçulmanos ou islamitas.

Matriarca – primeira mãe, mãe maior. Termo usado para designar a preponderância da autoridade materna ou feminina em algumas sociedades antigas.

Médium – segundo o Espiritismo, é um intermediário na comunicação entre os vivos e a alma dos mortos, ou seja, os espíritos desencarnados.

Mistério – algo secreto, desconhecido ou reservado; tudo aquilo que a inteligência humana é incapaz de explicar ou compreender plenamente; o que não pode ser conhecido a não ser por revelação divina; ou, ainda, o que é reservado ao conhecimento de poucos, como as religiões mistéricas da Antiguidade grega e romana.

Mitologia – conhecimento dos mitos, que são histórias fantásticas cujos personagens são deuses, heróis, espíritos, elementos da natureza e seres humanos. Os mitos são a linguagem simbólica que tenta responder as mais importantes perguntas humanas: a origem da vida e da matéria, o sentido e o destino da vida, o sentido da morte e do sofrimento e o que existe após a morte.

Mitos da criação – relatos de como o Deus criador ou os deuses criaram o universo e a humanidade. As tradições orais e escritas têm seus relatos que variam em detalhes, mas assemelham-se muito no conteúdo essencial.

Monoteísmo – crença na existência de um único Deus. As três grandes religiões monoteístas são: Judaísmo, Cristianismo e Islamismo.

Necromancia – atividade que consiste em evocar os espíritos dos mortos e tentar comunicar-se com eles.

Nova Era – movimento iniciado nos Estados Unidos que propõe o fim da fé na existência de um Deus que se relaciona com as pessoas. Prega que Deus é uma energia divina que rege o universo, mas não uma entidade pessoal, e que o ser humano, ao morrer, perde sua individualidade e passa a integrar a energia cósmica.

Oráculo – palavra, sentença ou decisão divina. Na Antiguidade, os reis consultavam sacerdotes, escribas, sábios, astrólogos, adivinhos e pitonisas para conhecer os oráculos dos deuses sobre o futuro.

Orixás – do ioruba *ori*, "cabeça". Os orixás da tradição religiosa africana inspiram e guiam a conduta das pessoas, são mediadores do Deus criador – Olorum – e protegem a vida por meio dos elementos da natureza, como a água, o fogo, as árvores ou as plantas medicinais.

Patriarca – primeiro pai ou pai maior; chefe de uma grande família, entre os povos antigos, em cuja organização social o pai exerce autoridade preponderante.

Pergaminho – material antigo de escrita, originário da cidade de Pérgamo. Era feito de couro de animal curtido e preparado para essa finalidade.

Primordial – alguma coisa que remonta ao princípio, à origem. No caso das tradições religiosas, são as primeiras experiências humanas de transcendência e seus símbolos e manifestações.

Sagrado – local, objeto ou linguagem reservada para a comunicação com o transcendente ou a ele dedicada.

Segundo Testamento – mais conhecido como Novo Testamento, é a segunda parte da Bíblia, que se refere a Jesus Cristo e ao começo do Cristianismo.

Símbolo – algo que representa e faz lembrar outra coisa, como um coração faz lembrar o amor. Os símbolos religiosos representam as crenças e os ensinamentos de cada tradição: a chama acesa lembra a fé e a veneração; o círculo lembra a imortalidade.

Torá – principal escrito sagrado da tradição religiosa judaica. O nome provém de uma pedra que no Egito era usada para a escrita.

Tradição oral – crenças, costumes, valores, tabus e ensinamentos de um povo que são comunicados de uma geração para outra por meio de mitos, histórias, sagas, lendas, ritos, símbolos e gestos. Definem a identidade desse povo.

Tradições religiosas tribais ágrafas – de a ("sem") + grafós ("escrita"). Tradições, costumes e ritos dos povos que não possuem escritos sagrados, e mantêm sua identidade pela tradição oral. São as formas mais antigas de tradição religiosa, mas existem até hoje em muitas regiões do mundo.

Transcendência – é o fato de transcender, de ser transcendente. Por exemplo: Deus é transcendente em relação ao ser humano e ao mundo. Natureza dos seres transcendentes (divindades), ou capacidade de transcender e de comunicar-se com o transcendente (seres humanos).

Transcendente – algo que transcende, isto é, que está além das realidades deste mundo. A palavra "transcendente", de modo geral, é usada somente em relação ao mundo dos mistérios e das crenças religiosas, isto é, à existência de seres e realidades que a capacidade humana não consegue apreender plenamente apenas pela razão.

Xamã – espécie de sacerdote das tradições religiosas orais, a quem se atribui a função e o poder de recorrer a forças ou entidades sobrenaturais para realizar, através de rituais, curas, adivinhação, exorcismo e encantamentos. Atua como intermediário e intercessor junto aos espíritos, considerados responsáveis pelos acontecimentos bons e maus.

Zoroastrismo – doutrina e prática da tradição religiosa de Zoroastro, ou Zaratustra, um médico persa que viveu no século VI a.C. e ensinou que o mundo e a vida humana são uma luta entre o bem e o mal. Se o ser humano se deixar conduzir pelo bem, terá a ressurreição e a eternidade feliz. Caso contrário, será condenado ao sofrimento para sempre. O Zoroastrismo hoje é muito pouco representado. Sua terra de origem, a Pérsia, hoje Irã, converteu se ao Islamismo.

Sumário

Impresso na gráfica da
Pia Sociedade Filhas de São Paulo
Via Raposo Tavares, km 19,145
05577-300 - São Paulo, SP - Brasil - 2017